FLEURS SAUVAGES
du Québec

Estelle Lacoursière
et Julie Therrien

FLEURS SAUVAGES
du Québec

Photographies de
Michel Sokolyk

LES ÉDITIONS DE L'HOMME

Données de catalogage avant publication (Canada)

Lacoursière, Estelle

Fleurs sauvages du Québec

1. Fleurs sauvages - Québec (Province).
2. Fleurs sauvages - Québec (Province) - Ouvrages illustrés.
I. Therrien, Julie.   II. Sokolyk, Michel.   III. Titre.

QK203.Q8L32   1998   582.13'09714   C98-940088-3

DISTRIBUTEURS EXCLUSIFS:

• Pour le Canada et les États-Unis:
MESSAGERIES ADP*
955, rue Amherst,
Montréal, Québec
H2L 3K4
Tél.: (514) 523-1182
Télécopieur: (514) 939-0406
* Filiale de Sogides ltée

• Pour la Belgique et le Luxembourg:
PRESSES DE BELGIQUE S.A.
Boulevard de l'Europe 117
B-1301 Wavre
Tél.: (010) 42-03-20
Télécopieur: (010) 41-20-24

• Pour la Suisse:
TRANSAT S.A.
Route des Jeunes, 4 Ter
C.P. 125
1211 Genève 26
Tél.: (41-22) 342-77-40
Télécopieur: (41-22) 343-46-46

• Pour la France et les autres pays:
INTER FORUM
Immeuble Paryseine, 3, Allée de la Seine,
94854 Ivry Cedex
Tél.: 01 49 59 11 89/91
Télécopieur: 01 49 59 11 96
Commandes: Tél.: 02 38 32 71 00
Télécopieur: 02 38 32 71 28

Dépôt légal: 1er trimestre 1998
Bibliothèque nationale du Québec

ISBN 2-7619-1423-6

Remerciements

Nous tenons à remercier tout spécialement

M. Camille Rousseau,

du ministère de l'Environnement et de la Faune du Québec,

et M. Jacques Cayouette,

du ministère de l'Agriculture du Canada,

pour leurs précieux conseils concernant l'identification

des plantes et la nouvelle nomenclature.

Merci également à Mme Laurette Duguay

et à M. Léo-Paul Landry.

Sur les pas du photographe

$\mathcal{B}$ien qu'il existe déjà d'excellents guides concernant le monde végétal, il nous apparaît justifié d'offrir aux inconditionnels de la nature le livre *Fleurs sauvages du Québec*. Cet ouvrage, qui est avant tout l'œuvre du photographe Michel Sokolyk, a pour but de mettre en lumière la beauté, la diversité et la richesse floristique des principaux habitats composant notre environnement.

En sa compagnie, nous visiterons une érablière, tôt au printemps, où nous assisterons à une explosion de vie et de couleurs. Nous nous engagerons ensuite dans les sous-bois des forêts de conifères à la recherche de percées de lumière. Puis, nous nous aventurerons dans une tourbière pour y admirer des orchidées, tout en portant attention aux éricacées qui dominent dans cet écosystème. À l'été, nous aurons le loisir de découvrir les richesses insoupçonnées des champs abandonnés et des bords de route. Nous explorerons ensuite la végétation des milieux humides et, finalement, celle des milieux habités.

Les textes qui accompagnent les illustrations n'ont pas comme objectif de décrire les plantes dans leurs moindres détails. Tout au plus, avons-nous voulu piquer votre curiosité et vous donner le goût de compléter, par vos propres observations, votre connaissance des fleurs du Québec.

Quoique nous soyons au fait de la modification du nom de certaines espèces, nous avons conservé les dénominations traditionnelles afin de faciliter votre quête d'informations à partir d'ouvrages déjà existants. Cependant, à la fin de ce volume, vous trouverez un tableau de correspondance comportant les nouvelles appellations et celles qui avaient cours jusqu'à tout récemment.

Et maintenant, partons sur les pas du photographe!

Le retour des trilles

Les langues de neige qui, au printemps, s'éternisent dans les forêts, exaspèrent les botanistes amateurs qui guettent avec impatience l'apparition des plantes printanières. La nature se chargera rapidement de répondre à leur attente car, dès le moindre réchauffement du sol, une multitude de jeunes pousses sortiront de terre.

ℬeaucoup de plantes de l'érablière possèdent des tiges souterraines ou des bulbes bourrés de réserves nutritives qui donnent naissance à de nouveaux plants dès le retour du soleil printanier. L'érythrone d'Amérique est une des premières à germer. Ses pousses, terminées par une pointe dure, transpercent facilement la litière de feuilles mortes.

L'érablière est reconnue pour la beauté de ses fleurs. Mais on ignore trop souvent que certaines espèces prennent plusieurs années avant d'atteindre leur maturité sexuelle et fleurir. Par exemple, une étude a montré que les trilles y mettent sept ans, l'érythrone d'Amérique huit ans et les violettes quatre ans.

*A*u fur et à mesure que la feuillaison progresse, la quantité de lumière au sol se raréfie. Les plantes du sous-bois ayant accumulé suffisamment de réserves dans leurs parties souterraines voient leurs feuilles disparaître. Certaines, comme les violettes, les gardent à longueur d'année. En attendant le retour des trilles, les fleurs immortalisées par le photographe sauront peut-être aiguiser votre patience.

Actée à gros pédicelles

Actæa pachypoda

L'actée à gros pédi-
celles pousse avec
les violettes, le maïanthème
du Canada et le sceau-de-
Salomon dans les bois
riches et les bosquets. Avec
ses fruits, elle ressemble à
un monstre aux yeux multiples ou à une construction
en plastique créée par un
enfant débordant d'imagi-
nation, et oubliée dans le
sous-bois. Mais l'originalité
a un prix: les fruits de l'actée à gros pédicelles sont
toxiques, comme ceux de
l'actée rouge d'ailleurs.
L'huile essentielle qu'ils ren-

ferment provoque une gas-
troentérite grave. Certains
animaux semblent toutefois
s'en accommoder: les gélinottes et les souris l'incluent
parfois dans leur diète en
petites quantités. En
Europe, une plante sœur,
l'actée en épi, était autrefois
considérée comme une
plante magique; on l'utilisait
pour jeter des sorts, et elle
était aussi censée conduire
les aventuriers vers des tré-
sors cachés. Trouver une
actée à gros pédicelles portant ses fruits, n'est-ce pas
déjà dénicher un trésor?

Actée rouge

Actæa rubra

*B*ien qu'elle puisse atteindre 40 cm de hauteur, l'actée rouge échappe facilement au regard, même quand elle est fleurie, ses petites fleurs blanches en grappe terminale se confondant avec la végétation environnante. Mais la situation change du tout au tout quand la plante est en fruits. Portées par des pédicelles allongés, les baies rouges attirent immanquablement l'attention des promeneurs.

Comme de nombreuses renonculacées, l'actée rouge est vénéneuse, d'où les noms populaires qu'on lui a attribués: poison de couleuvre et pain de couleuvre. Le fait de manger ne serait-ce que quelques baies peut provoquer des palpitations cardiaques, des vertiges et un dérangement d'estomac.

Aigremoine striée

Agrimonia striata

On découvre souvent l'aigremoine grâce à ses fruits munis de crochets qui s'agrippent aux vêtements des promeneurs. Si l'on part à la recherche de la plante qui a accroché ces sangsues végétales, on finit généralement par la trouver à l'orée de la forêt ou le long d'un sentier. L'aigremoine striée préfère les sols mouillés ou humides. Elle peut atteindre 2 m de hauteur. Ses fleurs jaunes sont groupées en épis minces qui s'allongent et se courbent au fur et à mesure de la maturation des fruits. Ceux-ci sont alors en très bonne position pour faire de l'auto-stop et être dispersés par les animaux à fourrure!

Ail des bois

Allium tricoccum

$\mathcal{P}$our qui a déjà vu des plates-bandes de muguet en dehors de sa période de floraison, il ne sera pas difficile de se représenter une colonie d'ail des bois au printemps. Malheureusement, cette plante est moins prolifique que le muguet et des cueillettes excessives, spécialement en vue de sa commercialisation, ont mis sa survie en danger. En vertu d'un règlement adopté par le gouvernement du Québec en 1995, l'ail des bois possède maintenant le statut légal d'espèce vulnérable, et son commerce est interdit sous toutes ses formes. La récolte à des fins de consommation personnelle est limitée à cinquante bulbes par an et par cueilleur. Elle ne doit jamais être faite dans un parc, une réserve écologique ou dans d'autres territoires protégés.

Le cycle annuel de développement de l'ail des bois se résume ainsi: tôt au printemps, les feuilles percent la litière de feuilles mortes. Elles profitent de la lumière du soleil pour accomplir la photosynthèse et accumuler des réserves nutritives dans un bulbe souterrain. Dès que le sous-bois s'assombrit suite à la feuillaison des arbres, les feuilles devenues inutiles se fanent. En juillet, les plants qui ont atteint leur pleine maturité fleurissent, floraison qui a lieu entre sept et dix ans. La production de graines est généralement faible. Heureusement, l'ail des bois peut aussi se multiplier de façon végétative par la division des bulbes les plus vigoureux.

Le retour des trilles

Aralie à tige nue

Aralia nudicaulis

$\mathscr{L}$'aralie à tige nue est commune dans les érablières à bouleau jaune, les forêts mixtes et certaines forêts conifériennes. Chaque plant ne comporte qu'une seule grande feuille divisée en plusieurs folioles. Les fleurs, lorsqu'elles sont présentes, sont groupées en ombelles sphériques. Quand les Amérindiens manquaient de nourriture au cours de leurs expéditions, ils consommaient les fruits de cette plante pour survivre. Ils préparaient également un breuvage désaltérant avec les racines qu'ils faisaient bouillir dans des boîtes en bois jusqu'à l'obtention d'un liquide brun-rouge. Le rhizome de l'aralie était aussi très utilisé en médecine populaire et fait encore partie des ingrédients de la *root beer*.

Ariséma rouge foncé

Arisæma atrorubens

*L*es dépressions parsemant le sol des érablières réservent habituellement une belle surprise aux promeneurs: la présence de l'ariséma rouge foncé. L'épi floral et la spathe qui l'entoure forment un ensemble qui évoque un prédicateur prêchant du haut d'une chaire, comme cela se faisait autrefois dans les églises, d'où le nom populaire de: «petit prêcheur». La spathe joue un rôle de première importance dans la fécondation des fleurs fixées sur l'axe central. Par mauvais temps, elle sert d'abri aux insectes. Comme l'espace

est exigu, les insectes, en se déplaçant, transportent immanquablement du pollen des étamines sur les parties femelles des fleurs et assurent ainsi leur fécondation. Vers la fin de l'été, cet échange de bons services se traduira par la production de baies brillamment colorées et légèrement sucrées qui feront le bonheur des oiseaux, des écureuils et des souris.

Chèvrefeuille du Canada

Lonicera canadensis

*O*riginaires d'Asie, les chèvrefeuilles font partie de nos jardins depuis longtemps. Il en existe plus de cent soixante-quinze espèces dont près de la moitié est utilisée pour ériger des haies. À cause de sa petite taille, le chèvrefeuille du Canada passe souvent pour une plante herbacée. Les feuilles vert pâle sont bordées d'une rangée de poils. Rattachées aux rameaux par un mince filet, les fleurs, jaune verdâtre et en forme de clochette, se balancent à la moindre brise. Les fruits rouges apportent une note de gaieté dans les boisés frais où le chèvrefeuille du Canada se plaît à croître. Les fruits sont acides et, sinon vomitifs, du moins purgatifs.

Claytonie de Caroline

Claytonia caroliniana

*D*ans la pénombre du sous-bois, la claytonie passerait inaperçue si elle ne formait de grands tapis parsemés de petites fleurs blanches, délicatement striées de rose. Celles-ci s'épanouissent tôt au printemps. La floraison étant très courte, il faut être là au bon moment pour profiter de ce spectacle. Après leur fécondation, les fleurs se transforment en fruits qui explosent à maturité, projetant leurs graines jusqu'à une distance de 60 cm. Cette caractéristique permet à la colonie de s'étendre année après année. Dès le début de l'été, la plante disparaît à nos yeux, non

sans avoir au préalable accumulé des réserves dans un tubercule souterrain, assurant ainsi sa régénération au printemps de l'année suivante. Les autochtones et les premiers colons, qui connaissaient l'existence de cette particularité, consommaient ces excroissances riches en amidon.

Cornouiller du Canada

Cornus canadensis

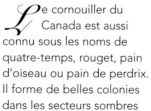

$\mathcal{L}$e cornouiller du Canada est aussi connu sous les noms de quatre-temps, rouget, pain d'oiseau ou pain de perdrix. Il forme de belles colonies dans les secteurs sombres et humides des érablières. Il se plaît aussi parmi les mousses ou les aiguilles de pins et d'épinettes des forêts de conifères. Les fleurs du cornouiller, petites et verdâtres, sont entourées

par des bractées blanches qui sont, en fait, des feuilles modifiées. Elles produisent chacune un fruit rouge vif conférant au plant un petit air de couronne de Noël. Ainsi, pour la gélinotte huppée, la grive fauve, le viréo mélodieux et plusieurs autres espèces d'oiseaux, les étrennes sont en avance au rendez-vous, ces fruits leur procurant jusqu'en octobre un festin apprécié. Autrefois, les autochtones profitaient aussi de ces drupes un peu insipides mais nourrissantes.

Dentaire à deux feuilles

Dentaria diphylla

*L*a dentaire à deux feuilles se regroupe en magnifiques colonies dans les endroits riches de la forêt, là où les feuilles de l'année précédente ont donné un humus épais. On la reconnaît à ses deux feuilles divisées en trois folioles grossièrement dentées. Ses fleurs blanches comportent quatre pétales et quatre sépales disposés en croix. Après la fécondation, les fleurs se transforment en siliques qui mesurent entre 2 cm et 4 cm. Les siliques sont des fruits secs, plus ou moins allongés, formés de deux valves séparées par une membrane. Ce type de fruit caractérise la famille des crucifères.

Dicentre à capuchon

Dicentra cucullaria

La dicentre à capuchon a beaucoup en commun avec les cœurs saignants utilisés comme plantes ornementales. Elle pousse en touffes, de préférence dans le riche humus des feuilles dans les crevasses des roches. Peu d'insectes réussissent à butiner ses fleurs parce qu'elles sont penchées, et que la disposition des pétales les empêche d'atteindre le nectar et le pollen. Toutefois les abeilles domestiques, infatigables et tenaces butineuses, y arrivent grâce au stratagème suivant: en exerçant une pression avec leur tête, elles écartent les pétales et cueillent le pollen avec leurs pattes antérieures. Les papillons dotés d'une trompe d'au moins 8 mm de longueur peuvent, quant à eux, atteindre le nectar logé au fond de la fleur.

Dicentre du Canada

Dicentra canadensis

*M*oins nordique que la dicentre à capuchon, la dicentre du Canada est une des espèces caractéristiques des érablières des basses terres du Saint-Laurent et de la Beauce. Ses fleurs blanc verdâtre sont teintées de pourpre et dégagent un délicieux parfum. Les éperons à la base de la corolle sont arrondis, et la fleur ressemble à un cœur, comme chez les cœurs saignants de nos jardins. Autrefois, on recourait à la dicentre du Canada pour traiter les affections de la peau et la syphilis. Cependant, les parties souterraines de la plante contiennent des alcaloïdes toxiques qui peuvent être mortels. Pour la désigner, les Iroquois utilisaient une expression savoureuse qui peut se traduire ainsi: «Ce sur quoi les esprits se nourrissent».

Érythrone d'Amérique

Erythronium americanum

C'érythrone d'Améri-
que doit déployer
ses feuilles, fleurir et produire des graines tout en
accumulant de nouvelles
réserves dans son bulbe
entre le moment de la fonte
des neiges et la frondaison
des arbres. C'est bien peu
de temps, mais cette plante
est spécialement adaptée
pour gagner cette course à
l'horloge printanière. La
pointe de la première feuille
est munie d'une coiffe dure
qui transperce le sol et
passe à travers le tapis de
feuilles mortes. Cette première feuille renferme une
deuxième feuille laquelle
abrite le bourgeon floral.
Les fleurs jaunes, semblables à celles des lis, se dressent vers le soleil quand il
luit; la nuit et lorsque le
temps est nuageux, les
fleurs s'inclinent vers le sol.
En juin, le tapis d'érythrones
disparaît. Les plants fanés et
couchés sur le sol laissent
alors échapper quelques
graines. Celles-ci ne germe-
ront que l'année suivante et
donneront une plantule qui,
curieusement, ne sortira pas
de terre mais s'enfoncera
dans le sol. Le première
feuille apparaîtra seulement
le printemps suivant.

Hépatique à lobes aigus

Hepatica acutiloba

*L*es premiers colons appelaient l'hépatique à lobes aigus «Fleur des neiges». Ils n'avaient pas tort parce qu'elle est une des premières plantes à fleurir au printemps. Elle réussit cet exploit parce que ses fleurs se forment dès l'automne et passent l'hiver sous la neige, protégées par un duvet de poils. Sitôt le printemps arrivé, elles peuvent donc s'épanouir. Les feuilles, en préparation elles aussi depuis l'automne précédent, poussent peu de temps après. Plus tard dans la saison, d'autres feuilles s'ajouteront aux premières. Quand elles sont mûres, les graines tombent sur le sol, et les restes des fleurs les recouvrent comme pour mieux les protéger. Il faut chercher l'hépatique à lobes aigus sur les talus, entre les racines des arbres, dans les parties ouvertes et gazonnantes des érablières. Les Amérindiens la connaissaient bien: ils l'avaient nommée «[celle] qui surveille l'érable».

Médéole de Virginie

Medeola virginiana

*L*a médéole de Virginie est caractérisée par une tige élancée (hauteur: 30 cm à 90 cm) garnie d'un ou deux verticilles de feuilles. Seuls les plants comportant deux verticilles de feuilles fleurissent. Les fleurs s'épanouissent successivement pendant deux mois. Très peu produiront des graines, car les fruits avortent la plupart du temps. Plus les fruits sont nombreux sur un plant, plus la base des feuilles du verticille supérieur se colore de pourpre. Cet étalage de couleur servirait, paraît-il, à attirer les oiseaux qui, après avoir consommé les fruits, disperseraient les graines par le biais de leurs fèces.

Le retour des trilles

Sanguinaire du Canada

Sanguinaria canadensis

La sanguinaire du Canada doit son nom au latex couleur sang que renferme son rhizome. Cette plante est particulièrement adaptée pour faire face au froid et aux vents cinglants qui, au mois d'avril, balaient les parterres dénudés de la forêt. Ses grandes feuilles recroquevillées enveloppent les bourgeons floraux lorsqu'ils sortent de terre. Elles se déploieront seulement lorsque la tige florifère aura atteint une hauteur sécuritaire. Une fois écloses, les fleurs se tournent vers le soleil et le suivent dans sa course journalière. Les pétales agissent comme des

déflecteurs paraboliques. Ils concentrent les rayons du soleil vers le centre de la fleur ce qui a pour effet d'augmenter la température des pièces reproductives: les étamines et le pistil. Attirés par la chaleur, les insectes visitent les fleurs et, du même coup, les pollinisent. Comme tout bon capteur solaire, la fleur se referme le soir venu quand la température baisse.

Sceau-de-Salomon

Polygonatum pubescens

On est en droit de s'interroger sur l'origine du nom de cette plante. Salomon a été, il y a trois mille ans, un roi d'Israël reconnu pour sa sagesse. L'explication la plus plausible serait la suivante: coupé transversalement, l'intérieur du rhizome évoquerait un emblème judaïque appelé sceau de Salomon. Cette plante ressemble quelque peu à la smilacine à grappes, avec, toutefois, une différence notable: les fleurs et, plus tard dans la saison, les fruits de couleur bleu noir pendent par paire à l'aisselle des feuilles au lieu d'être situés à l'extrémité du rameau. Autrefois, le rhizome servait à traiter les hernies et les meurtrissures, mais ces propriétés médicinales se sont révélées non fondées.

Smilacine à grappes

Smilacina racemosa

$\mathcal{L}$a smilacine à grappes est caractérisée par une tige zigzagante avec, à son extrémité, une grappe de fleurs ou de fruits selon le moment de la saison. Des feuilles sessiles, aux nervures bien visibles, alternent de part et d'autre de ce rameau aérien. Celui-ci disparaît à la fin de l'automne en laissant une cicatrice sur le rhizome. Le bourgeon le plus rapproché de la cicatrice produira un nouveau rameau le printemps suivant. Quand la nourriture se fait rare, les oiseaux se nourrissent des fruits rouges tachetés de pourpre.

Streptope rose

Streptopus roseus

*L*e port du streptope rose est gracieux: sa tige principale se divise en rameaux étalés desquels pendent de petites fleurs roses comme autant de clochettes. En août, les rameaux s'inclinent légèrement sous le poids des fruits, des baies d'un beau rouge brillant. Elles sont comestibles, quoique fades et purgatives. Il faut chercher le streptope rose dans les secteurs frais et humides des érablières à bouleau jaune et des forêts mixtes.

Tiarelle cordifoliée

Tiarella cordifolia

$\mathcal{L}$es feuilles lobées et longuement pétiolées de la tiarelle cordifoliée ressemblent quelque peu à celles des érables. Elles demeurent vertes et fraîches même sous la neige si bien qu'un auteur anglais suggérait de nommer cette plante Evergreen. Avec leur corolle blanche et leurs étamines aux anthères jaunes ou pourpres portées par des filets allongés, les fleurs ressemblent à de minuscules

feux de Bengale. La tiarelle cordifoliée affectionne le riche humus noir des forêts de feuillus où elle se multiplie en produisant des stolons qui s'enracinent de place en place, comme le font les fraisiers. Les plants qui appartiennent à un même clone ont tous des anthères de même couleur, jaune ou pourpre. Les capsules, qui dérivent des fleurs fécondées, ont vaguement la forme d'une tiare, d'où le nom de tiarelle.

Trille blanc

Trillium grandiflorum

Au mois de mai, les amateurs de trilles seraient bien avisés de visiter les érablières de la région montréalaise et de l'Outaouais. Le spectacle offert par les immenses colonies de trille blanc vaut le déplacement. Les fleurs durent longtemps; elles sont blanches au début puis virent au rose petit à petit. À maturité, le fruit est bleu noir. Le trille blanc est l'emblème floral de la province de l'Ontario.

Le retour des trilles

Trille ondulé

Trillium undulatum

*R*ares sont ceux qui peuvent résister au charme des trilles qui ornent le tapis de feuilles mortes tôt au printemps. Le trille ondulé est un des plus beaux du genre. Les pétales blancs rayés de pourpre sont caractérisés par des bords ondulés. On le trouve le long des ruisselets, dans les vallons des forêts humides et, parfois, dans les tourbières. À l'automne, ses baies rouges savent encore attirer l'attention.

Trille rouge

Trillium erectum

$\mathcal{L}$e trille rouge, avec sa tige robuste, s'érige avec un peu plus de vigueur que le trille ondulé, mais il n'en a pas l'éclat. Sa fleur rouge sombre dégage une odeur désagréable. Mais ce qui nous semble être un inconvénient est un avantage pour cette plante. En effet, cette odeur fétide, rappelant celle de la chair en putréfaction, attire les mouches à viande. En passant d'une fleur à une autre, ces insectes favorisent leur fécondation.

Uvulaire à feuilles sessiles

Uvularia sessilifolia

𝓛'extrémité de la tige de l'uvulaire à feuilles sessiles se divise en deux rameaux qui divergent, caractéristique qu'elle partage avec les autres espèces d'uvulaire. Les plantes de ce groupe se distinguent aussi par le fait qu'elles portent peu de fleurs et donnent donc peu de fruits. L'uvulaire à feuilles sessiles produit habituellement une seule fleur blanc crème: elle mesure environ 2 cm et pend à l'extrémité d'un des rameaux comme une luette ou uvule. Bien qu'elle ne puisse se multiplier de façon végétative comme les autres espèces d'uvulaire, elle n'en forme pas moins de vastes colonies dans les érablières.

Violette pubescente

Viola pubescens

Ĺa violette pubescente se plaît dans les endroits secs et rocheux de la forêt. Elle fait le bonheur des abeilles à longue langue et des papillons qui réussissent à butiner le nectar au fond de la fleur. Les bourdons s'en régalent aussi mais, pour l'atteindre, ils doivent déchirer les nectaires à la base de la fleur. Ce faisant, ils permettent à d'autres espèces d'abeilles d'accéder aux réserves sucrées.

Les fleurs des violettes sont très belles, mais comme elles sont petites et situées à ras de terre, elles passent souvent inaperçues. Il n'est donc pas étonnant que, depuis toujours, on en ait fait le symbole de la modestie et de l'humilité. Au Québec, on en compte au moins vingt-six espèces. Leurs fleurs sont bleues, violacées, jaunes ou blanches.

À l'ombre des géants verts

𝒟 ans les forêts de conifères, malgré la densité du couvert végétal, les rayons du soleil réussissent de belles percées de lumière immortalisées sur la pellicule du photographe. Même réduite, cette source d'énergie joue un rôle important dans ce milieu. En plus de permettre la photosynthèse, elle active le travail des micro-organismes qui décomposent la litière. Grâce aux éléments nutritifs ainsi remis en circulation, de nouvelles générations de plantes peuvent se développer.

ℒénétrer dans une forêt de conifères, c'est un peu comme entrer dans une cathédrale. Les troncs droits et dégarnis ressemblent à des colonnes qui s'élancent vers le ciel, et les branches entremêlées forment une voûte qu'illuminent les percées de soleil. À l'intérieur, une odeur balsamique remplace celle de l'encens. Elle provient des résines qui protègent les conifères contre les attaques des bactéries, des champignons, des insectes et des mammifères qui seraient tentés de les brouter. Les conifères prédominent dans les régions nordiques parce qu'ils conservent leurs feuilles et sont donc à même de reprendre rapidement leur développement au printemps, profitant ainsi au maximum de la courte saison végétative.

_M_ ême si la plupart des conifères restent verts à longueur d'année, ils n'en perdent pas moins des aiguilles régulièrement. Celles-ci se décomposent très lentement et forment, avec le temps, une litière épaisse, acide, peu propice à la germination des graines des espèces compagnes.

La plupart des espèces du parterre des forêts de conifères conservent leurs feuilles même l'hiver et peuvent ainsi reprendre leur activité dès la fonte des neiges. En revanche, les feuilles et les fruits du maïanthème font exception et se désintègrent à la fin de la belle saison. Au printemps, à la faveur des chauds rayons du soleil, les bourgeons présents sur les tiges souterraines donnent naissance à de nouveaux plants feuillés. Alors que dans les érablières les plantes fleurissent massivement au printemps, dans les forêts de conifères, la floraison des différentes espèces est beaucoup plus étalée dans le temps. Une promenade à l'ombre des géants verts vous donnera, presque à coup sûr, le plaisir d'observer les fleurs de l'une ou l'autre des espèces présentées dans ce chapitre.

Chimaphile à ombelles

Chimaphila umbellata

signifiant «Qui aime l'hiver». Les feuilles sont disposées par groupe de trois ou de cinq autour de la tige rougeâtre. Cette dernière porte, à son extrémité, une ombelle de délicates fleurs blanches teintées de rose. Les Amérindiens utilisaient cette plante pour traiter les rhumatismes. Selon une croyance ancienne, mâcher une feuille par jour de chimaphile à ombelles préservait de la tuberculose.

Les feuilles vertes et luisantes de la chimaphile à ombelles persistent sur la plante même en hiver. C'est d'ailleurs pour cette raison qu'elle a mérité le nom de chimaphile, mot

À l'ombre des géants verts

Clintonie boréale

Clintonia borealis

lement au nombre de trois, entourent la base de la tige. Les fleurs, d'un jaune verdâtre, sont groupées au sommet d'une hampe qui dépasse le sommet des feuilles. Dans la *Flore laurentienne*, Marie-Victorin rapporte que les chasseurs de la région du Témiscamingue étaient convaincus que l'odeur du rhizome de la clintonie boréale attirait les ours à une grande distance. Ils avaient donc l'habitude d'en frotter leurs pièges.

*L*a clintonie boréale pousse de préférence dans les sols humides, frais et acides. Les feuilles, vertes et luisantes, généra-

Coptide du Groenland

Coptis groenlandica

$\mathscr{A}$ussi connu sous le nom de savoyane, le coptide du Groenland est une espèce caractéristique des forêts de conifères. Ses feuilles trifoliolées d'un beau vert luisant font de l'effet sur le tapis de mousse vert pâle. Au milieu des feuilles, deux ou trois hampes se dressent, portant chacune une fleur blanche à son extrémité, fleur qui don-nera naissance à une ombelle de follicules conte-nant plusieurs graines. Le coptide du Groenland doit sa popularité à son rhizome jaune orangé aux propriétés antiseptiques connues. On l'employait surtout pour trai-ter les ulcères de la bouche. À cet effet, on vendait au marché des petits paquets de rhizomes filiformes que les gens mastiquaient. Les tanins qu'ils contiennent servaient aussi à teindre les cuirs.

Cypripedium acaule

*L*e cypripède acaule, ou sabot de la Vierge, honore les forêts de conifères de sa présence. Son port ainsi que la forme et la couleur de sa fleur captivent immanquablement l'attention des promeneurs. Ce petit air exotique tient au fait qu'il appartient à la famille des orchidées, dont les fleurs typiques ont un labelle plus ou moins développé. Celui du cypripède acaule est fortement renflé. Le sac ainsi formé comporte une fente qui permet aux insectes attirés par le nectar de pénétrer à l'intérieur.

Pour en ressortir, ils doivent se faufiler par une ouverture étroite située non loin des étamines. Ce faisant, ils frôlent les anthères qui libèrent le pollen; celui-ci servira à fertiliser le prochain cypripède qu'ils visiteront. Certains insectes, moins chanceux, périssent dans cette luxueuse prison faute d'en avoir trouvé la sortie.

À l'ombre des géants verts

Dalibarde rampante

Dalibarda repens

*Q*uand elle n'est pas en fleurs, la dalibarde rampante peut être confondue avec les violettes à cause de ses feuilles simples à base cordée. Ce fait lui a d'ailleurs valu son nom anglais False Violet. L'apparition des fleurs met fin à la confusion. Elles sont de deux types: portées par un long pédicelle et munies de pétales blancs ou portées par un court pédicelle et dépourvues de pétales. Les fruits, presque secs, sont renfermés dans les sépales.

À l'ombre des géants verts

Épigée rampante

Epigæa repens

Même s'il y a peu de fleurs à observer au printemps dans les forêts de conifères, une balade entre les géants verts procure toujours beaucoup de satisfaction. Mais la joie est à son comble quand on a la chance de tomber sur une colonie d'épigées rampantes en fleurs. Ses rameaux étant appliqués au sol, il faut se pencher pour mieux observer ses fleurs rosées en forme de clochette et, surtout, humer leur parfum exquis. Cette plante est l'emblème floral de la Nouvelle-Écosse.

Linnée boréale

Linnæa borealis

$\mathcal{L}$a linnée boréale couvre parfois de grandes étendues dans la forêt en raison de ses rameaux qui s'allongent à la manière d'une vigne mais en restant plus ou moins appliqués au sol. Les feuilles, insérées par paire, persistent sous la neige grâce à une substance de réserve qui est non pas de l'amidon mais une huile résineuse. Les fleurs roses, ressemblant à des petites trompettes, sont toujours groupées par deux à l'extrémité d'un pédoncule dressé. Elles exhalent un parfum délicat et, comme elles s'épanouissent toutes en même temps, il est possible de humer ce parfum à distance. Une infusion préparée avec les feuilles est sensée prévenir l'insomnie.

À l'ombre des géants verts

Maïanthème du Canada

Maïanthemum canadense

$\mathcal{L}$e maïanthème du Canada forme habituellement de grandes colonies composées de deux types d'individus: des plants avec une seule feuille de forme cordée et des plants munis de deux ou trois feuilles. Seuls ces derniers fleurissent et produisent des fruits qui, à maturité, sont de couleur rouge. Ils font le bonheur des petits mammifères, souris et campagnols, et de la gélinotte huppée. Le lièvre d'Amérique, quant à lui, se nourrit de son feuillage. Le maïanthème du Canada sait, à son tour, tirer parti du monde animal en s'établissant, à l'occasion, sur les fourmilières abandonnées.

Monotrope uniflore

Monotropa uniflora

Cette très curieuse plante fait son apparition à la fin de l'été. Tout concourt à lui donner l'allure d'un cierge sculpté: sa blancheur, sa texture cireuse, la simplicité de sa forme, ses feuilles réduites à de simples écailles. Le monotrope uniflore est dépourvu de chlorophylle, donc incapable de faire la photosynthèse. Il tire sa nourriture de la matière organique en décomposition sur laquelle il pousse grâce à l'association de ses racines avec des champignons souterrains, association appelée mycorhize. La beauté du monotrope est éphémère, sa couleur virant au noir à la fin de la floraison ainsi qu'au moment de la récolte. Il est donc préférable de résister à la tentation de les cueillir.

Oxalide de montagne

Oxalis montana

𝓛'oxalide de montagne se plaît dans les épaisses forêts de conifères, preuve qu'elle a besoin de très peu de lumière pour satisfaire à sa balance énergétique. Ses feuilles comportent un long pétiole qui s'insère au sommet d'une très courte tige et trois folioles de forme cordée. L'oxalide de montagne produit deux sortes de fleurs. Les unes ont une corolle formée de cinq pétales blancs rayés de pourpre; les autres, à peine grosses comme une tête d'épingle, sont portées par un pédoncule très court et recourbé en forme de crochet de sorte que la fleur se trouve presque au niveau du sol. Les graines engendrées par ces fleurs germent dans la mousse ou dans des débris végétaux près de la plante-mère. Celles produites par les fleurs au pédicelle long sont projetées au loin lors de l'éclatement de la capsule.

Petit thé

Gaultheria hispidula

*L*e petit thé est surtout abondant dans le nord. La tige principale rampe à la surface du sol, produisant çà et là des rameaux feuillés qui fleurissent et qui produisent des fruits d'une blancheur exceptionnelle. Ces derniers contiennent du salicylate de méthyle et ont la même saveur que ceux du thé des bois. Quand on les fait macérer dans l'alcool, on obtient une liqueur au goût agréable. On peut aussi préparer un thé en infusant les feuilles. Autrefois, on recommandait ce breuvage aux personnes asthmatiques. L'essence concentrée était aussi réputée soulager le mal de dents.

Pyrole à feuilles d'Asaret

Pyrola asarifolia

$\mathcal{L}$a pyrole à feuilles d'Asaret se distingue des autres espèces de pyrole par ses feuilles réniformes ou cordées, généralement plus larges que longues. Comme chez la plupart des autres espèces de pyrole, les feuilles forment une rosette près de la surface du sol. Les fleurs, portées par une hampe dressée, sont roses ou pourpres, et le style, qui dépasse de beaucoup la corolle, se termine par un crochet. La pyrole à feuilles d'Asaret se rencontre principalement dans les bois humides de l'est du Québec.

Pyrole elliptique

Pyrola elliptica

$\mathcal{C}$ ertaines plantes ne perdent pas leurs feuilles à l'automne: la pyrole elliptique, comme toutes les autres espèces de pyrole d'ailleurs, en est une. Quel plaisir de voir émerger ses feuilles vertes, minces et elliptiques à travers la neige au début du printemps. Sous les chauds rayons du soleil, des hampes portant chacune une dizaine de bourgeons floraux ne tardent pas à s'élever au-dessus des feuilles. Les fleurs blanches, très odorantes, sont caractérisées par la présence d'un long style en forme de crochet dépassant les pétales. Les pyroles se multiplient grâce à leur tige souterraine qui génère de nouvelles pousses chaque année.

Spiranthe penchée

Spiranthes cernua

*C*ontrairement à ce que l'on pourrait croire, les orchidées ne sont pas toutes des plantes aux fleurs spectaculaires. La spiranthe penchée est de ce nombre. Il faut regarder ses fleurs de près pour en apprécier la beauté. Disposées en spirale autour de la hampe florale, elles sont d'un blanc de neige. Comme la floraison a lieu tard dans la saison, en septembre et en octobre, les graines mûrissent très vite, et la dissémination se fait immédiatement.

Seules les graines associées à un champignon spécifique parviennent à se développer. On doit chercher cette plante dans les clairières où elle trouve la lumière dont elle a besoin pour se développer.

Thé des bois

Gaultheria procumbens

*P*our qui aime le goût de la pommette, il est difficile de résister à l'envie de mâcher les feuilles du thé des bois. C'est le salicylate de méthyle, une substance apparentée au principe actif de l'aspirine, qui donne cet arôme particulier. Mais nous ne sommes pas les seuls à apprécier le thé des bois. Le cerf de Virginie et la gélinotte huppée broutent ses feuilles. Les fruits, petites pommettes rouges qui persistent tout l'hiver, font le bonheur de la souris, de l'ours noir et de la gélinotte huppée. Cette dernière va jusqu'à plonger sous la neige pour cueillir ces fruits qu'elle détecte au parfum qu'ils dégagent.

Trientale boréale

Trientalis borealis

𝓛a trientale boréale doit son originalité au mode de disposition de ses feuilles: celles-ci, au nombre de cinq à dix, forment une collerette au sommet de la tige. Au moment de la floraison, une fleur blanche, parfois deux, vient égayer cet ensemble. La plante se propage grâce à ses stolons, un peu comme le fait le fraisier. À l'abri des grands arbres, elle peut ainsi former des colonies plus ou moins denses.

*A*u pays tremblant

*U*n climat froid et humide, des dépressions mal drainées, des lacs acides peu profonds, telles sont les conditions favorisant la formation d'une tourbière. Beaucoup se sont constituées à la fin de la dernière glaciation, il y a plus de dix mille ans. Dans leur langage imagé, les pionniers les nommaient «les pays tremblants». L'expression est appropriée, une tourbière étant comparable à une immense éponge imprégnée d'eau dans laquelle on s'enfonce à chaque pas. Ce tapis est composé de sphaignes.

Serrées les unes contre les autres, les sphaignes s'allongent, année après année. Elles finissent par former un épais tapis qui devient la terre d'accueil des petits arbustes, des carex et de certaines espèces rares, notamment des orchidées, adaptées à ce milieu particulier.

La physionomie d'une tourbière varie au rythme de la floraison des différentes espèces de plantes. Au début du printemps, les colonies de rhododendrons offrent un spectacle hautement coloré.

$\mathcal{A}$u milieu de l'été, les têtes soyeuses des linaigrettes confèrent à la tourbière une allure de champ de coton.

$\mathcal{H}$abituellement, on découvre une tourbière après avoir traversé une forêt de conifères. La première impression est généralement euphorisante à cause de la vue dégagée, de la luminosité et de la présence des fleurs. Ce sentiment fait place à une certaine crainte, car, dès les premiers pas, on s'aperçoit qu'on risque de s'enfoncer plus ou moins profondément. Cependant, le danger le plus sournois est peut-être de s'égarer à cause de l'absence de repères visuels. L'idéal est de rester dans les sentiers, précaution qui présente également l'avantage de protéger l'habitat. Le port d'une boussole constitue une mesure supplémentaire de sécurité.

Malgré ces réserves, la visite d'une tourbière est le gage d'une aventure captivante. Cachées parmi les éricacées, des fleurs rares s'épanouissent à la satisfaction des insectes pollinisateurs et de l'œil attentif capable de les découvrir. Les photographes savent les mettre en valeur et partager ces moments particuliers.

Andromède glauque

Andromeda glaucophylla

L'andromède glauque n'a rien à envier à ses compagnes des tourbières avec ses feuilles épaisses, vert foncé sur le dessus et blanches en dessous, et ses fleurs blanches teintées de rose suspendues aux rameaux comme de minuscules lanternes. Cantonné dans les parties les plus mouillées de la tourbière, il est condamné à être étouffé

par les sphaignes à la croissance continue. Le cassandre caliculé le remplacera petit à petit. Puis, à un stade ultérieur, ce sera au tour du lédon du Groenland de s'implanter. Les feuilles de l'andromède glauque renferment de l'andromédotoxine, une substance toxique. On a déjà rapporté la mort de moutons qui l'avaient brouté.

Aster des bois

Aster nemoralis

*L*es asters font partie de la famille des marguerites. Ils sont caractérisés par des capitules composés de deux sortes de fleurs: des fleurs jaunes au centre et des fleurs blanches, roses ou mauves sur le pourtour. On compte plus de cent cinquante espèces d'aster en Amérique du Nord. Les magnifiques spécimens qu'on peut admirer dans les aménagements paysagers appartiennent à des espèces indigènes qu'on a améliorées.

Si on peut trouver occasionnellement dans les bois tourbeux l'aster des bois, une de nos plus belles espèces d'aster selon Marie-Victorin, c'est néanmoins dans les tourbières qu'on a le plus souvent l'occasion de l'admirer. On la reconnaît à sa tige peu ramifiée, à ses feuilles étroites et à ses capitules aux rayons violets ou roses qui dégagent une odeur se rapprochant de celle de la carotte.

Calla des marais

Calla palustris

$\mathcal{L}$e calla des marais se multiplie de façon végétative et peut former de grandes colonies en bordure des étangs ou des ruisseaux tourbeux. Au moment de la floraison, au début de l'été, ces colonies offrent un spectacle saisissant. Ce ne sont pas les fleurs proprement dites qui attirent l'attention, mais la spathe d'un blanc éblouissant qui entoure le spadice sur lequel sont fixées les fleurs.

Celles-ci sont dépourvues de pétales et de sépales. Leur pollinisation est assurée par les insectes et les colimaçons. Autrefois, le rhizome du calla des marais, riche en amidon, était employé dans le nord de l'Europe pour fabriquer du pain. Mâcher la plante peut provoquer des brûlements intenses et des picotements dans la bouche, car elle contient des cristaux d'oxalate de calcium.

Calopogon tubéreux

Calopogon pulchellus

sur le tapis instable de la tourbière. Les fleurs roses ou magenta sont au nombre de trois à douze sur chaque plant. Bien qu'elles ne produisent ni nectar ni pollen comestibles, elles sont néanmoins visitées par les abeilles et par plusieurs autres insectes. Dès que l'un d'eux se pose sur le labelle antérieur, celui-ci se relève brusquement et projette l'insecte vers les parties fertiles de la fleur. Déstabilisé, l'insecte sort de la fleur pour ainsi dire mécaniquement,

non sans avoir récolté au passage du pollen qu'il ira déposer sur le stigmate d'une autre fleur, favorisant ainsi la fécondation croisée du calopogon tubéreux.

Celui ou celle qui a déjà eu le privilège d'observer une colonie de calopogons tubéreux vous dira certainement que cela vaut la peine, pour bénéficier de ce spectacle, de supporter le harcèlement des mouches noires et des moustiques ainsi que l'avancée pénible

Chamédaphné caliculé

Chamædaphne calyculata

laquelle certains apiculteurs placent leurs ruches près des tourbières. La bécassine des marais, le canard colvert et le canard noir installent leur nid entre les buissons de chamédaphné caliculé, leur couvert dense mettant les petits à l'abri des yeux des prédateurs.

*C*hamédaphné caliculé, cassandre caliculé, petit-daphné caliculé, faux bleuet, voilà autant de noms servant à désigner ce petit arbuste, commun dans les tourbières et encore au stade des sphaignes. Les feuilles, raides et dressées, ont des taches rouille sur la face inférieure. Très tôt au printemps, le chamédaphné caliculé se couvre de petites fleurs blanches qui pendent aux extrémités des rameaux comme autant de clochettes.

Elles sont une source importante de nectar pour les abeilles, qui ont bien besoin de ce fortifiant à la fin de l'hiver. C'est la raison pour

Drosère à feuilles rondes

Drosera rotundifolia

*L*a drosère ou rossolis à feuilles rondes passerait facilement inaperçue si ce n'était des gouttelettes de liquide visqueux qui brillent comme autant de petits diamants à l'extrémité des nombreux poils qui la recouvrent. Attirés par cette substance brillante, moult petits insectes se posent sur

les feuilles et découvrent trop tard hélas! que c'est une colle très efficace. Les poils, agissant comme des tentacules, entraînent l'insecte vers le centre de la feuille qui se replie sur le malheureux. Cet estomac temporaire sécrète un liquide semblable au suc gastrique et s'approprie ainsi un supplément d'éléments nutritifs indispensables à la survie de la plante. Au moyen d'expériences, Darwin a découvert qu'un morceau de craie ou de bois placé sur une feuille de drosère est entouré immédiatement, mais est rejeté dès que l'erreur est détectée.

Gentiane à feuilles linéaires

Gentiana linearis

*L*es feuilles étroites et allongées de la gentiane linéaire sont disposées par paire le long des tiges raides et dressées. Les fleurs, d'un bleu intense, sont groupées au point d'insertion des feuilles supérieures. Dans la *Flore laurentienne*, Marie-Victorin mentionne que les gentianes doivent leur nom à une légende rapportée par Pline. D'après cette légende, Gentius, roi d'Illyrie, aurait recouvré, grâce à une plante appartenant à ce genre (probablement *Gentiana lutea*), de nouvelles forces pour continuer ses guerres.

Kalmia à feuilles d'andromède

Kalmia polifolia

Comme son nom l'insinue, le kalmia à feuilles d'andromède a des points en commun avec cette autre éricacée qu'est l'andromède. Ces deux plantes ont des feuilles étroites, vertes sur la face supérieure, presque blanches sur la face inférieure, et des bords révolutés, c'est-à-dire enroulés sur eux-mêmes par en dessous. Là s'arrêtent les ressemblances, car les feuilles qui sont opposées chez le kalmia à feuilles d'andromède sont alternes dans le cas de l'andromède glauque. Les fleurs sont également différentes: celles du kalmia à feuilles d'Andromède ont des traits communs avec celles du kalmia à feuilles étroites mais sont moins nombreuses et insérées à l'extrémité des rameaux.

Kalmia à feuilles étroites

Kalmia angustifolia

*A*u moment de sa floraison, le kalmia à feuilles étroites colore en rose les tourbières et les savanes sablonneuses. Les fleurs, groupées en masses arrondies, méritent d'être examinées de plus près, car elles sont de véritables petites merveilles d'architecture. La corolle en forme de

soucoupe comporte dix sillons dans lesquels sont insérés les filets de chacune des étamines. Celles-ci viennent à maturité à tour de rôle. À ce moment précis, le filet s'extirpe brusquement de sa prison et projette un petit nuage de pollen dans l'environnement.

Lédon du Groenland

Ledum groenlandicum

$\mathcal{L}$e lédon du Groenland est mieux connu sous le nom de thé du Labrador, non sans raison, la plante ayant été un des succédanés du thé des plus populaires avant l'introduction du thé proprement dit (*Thea sinensis*) en Amérique du Nord. Les feuilles sont recouvertes d'un épais duvet roux sur leur face inférieure. Elles dégagent une odeur agréable quand on les froisse. La tisane préparée avec ces feuilles est réputée pour combattre les rhumes, les maux de gorge et les maux de tête. Les fleurs blanches sont disposées en ombelle à l'extrémité des rameaux.

Linaigrette de Virginie

Eriophorum virginicum

«*A* igrette de lin» serait l'origine du mot linaigrette. Assez curieusement, en anglais, on utilise l'expression Cotton-plant pour désigner ce groupe de plantes et, en latin, *Eriophorum* qui se traduit par: «qui porte de la laine». Ces différentes appellations font référence aux soies très allongées qui entourent les graines. Chez la linaigrette de Virginie, les soies sont relativement courtes et généralement roussâtres. C'est la moins boréale des espèces de linaigrette.

Pogonie langue-de-serpent

Pogonia ophioglossoides

$\mathcal{L}$a pogonie langue-de-serpent est l'une de nos plus délicates orchidées. Avec un peu de chance, on la trouve en compagnie du magnifique calopogon gracieux, qui pousse, lui aussi, dans les tourbières et dans les champs humides. La plante est petite et grêle. La tige porte une feuille, parfois deux, à moitié de sa longueur. Certains plants comportent également une feuille au pétiole long s'élevant directement de la racine fibreuse. Au sommet de la tige naît une seule fleur, parfois deux, rose pâle et très odorante. L'extrait de vanille qui sert à aromatiser certains mets provient d'une orchidée appartenant à ce groupe.

Rhododendron du Canada

Rhododendron canadense

$\mathcal{L}$e rhododendron du Canada est l'une de nos plus belles plantes indigènes. Au début du printemps, avant même l'apparition des feuilles, ses fleurs colorent en rose les bordures des tourbières, son habitat de prédilection. Les bourdons femelles, les seuls actifs à cette époque de l'année, favorisent leur fécondation croisée. Les fruits secs, surmontés par un style long et tordu, demeurent très longtemps sur les rameaux. L'écorce et les feuilles sont recommandées dans le traitement de l'arthrite et des rhumatismes. Il faut se limiter à infuser les feuilles, la plante renfermant des toxines que l'ébullition peut libérer.

Sarracénie pourpre

Sarracenia purpurea

*L*a découverte d'une sarracénie pourpre dans une tourbière est toujours un moment privilégié. Ses feuilles en cornets sont une attraction non seulement pour les excursionnistes, mais également pour les insectes qui veulent profiter de l'abri qu'elles leur offrent ou tout simplement boire un peu de l'eau qu'elles contiennent. Mal leur en prend puisqu'ils ne pourront plus sortir de cette prison; les poils raides orientés vers le bas et tapissant l'extrémité des feuilles font office de fils barbelés. Après des efforts répétés, l'insecte épuisé se noiera. Les enzymes sécrétés par la feuille pénètrent alors dans l'insecte et attaquent ses tissus organiques.

Quand ils se désintègrent, les composés azotés et phosphorés ainsi libérés sont absorbés par la feuille. Ces apports d'éléments nutritifs sont absolument nécessaires à la floraison. Chaque plant ne produit qu'une seule fleur, mais comme la sarracénie pourpre pousse en touffes, on en voit ordinairement plusieurs à la fois. Elles sont caractérisées par leur style au sommet dilaté qui recouvre, comme un parapluie, la partie renflée du pistil.

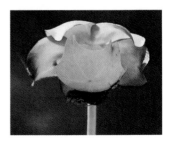

Spiranthe de Romanzoff

Spiranthes romanzoffiana

La spiranthe de Romanzoff fait partie de la famille des orchidées comme le calopogon gracieux et la pogonie langue-de-serpent, mais ses fleurs sont beaucoup moins spectaculaires. Petites, blanches ou verdâtres, elles forment une spirale composée de trois rangées de fleurs autour de la hampe qui s'élève au-dessus des feuilles. Ces dernières prennent naissance juste au-dessus du collet, point de jonction entre les racines et la tige. Longues et étroites, elles s'élèvent parallèlement à la hampe fleurie.

L'orée de la forêt

Zone de transition entre la forêt proprement dite et un champ, un pré ou un marécage, l'orée est un habitat particulièrement intéressant au plan de la biodiversité. Les plantes de ce milieu exigent plus de lumière que celles de la forêt, mais moins que les espèces de la prairie.

$\mathscr{L}$'orée est un carrefour fréquenté à la fois par les
animaux de la forêt et par ceux de l'habitat adjacent.
Alors que les premiers s'aventurent dans les régions plus
éclairées pour se nourrir, les autres cherchent, dans la
bordure boisée, ombre et abri. C'est ainsi que la lisière
de la forêt est plus riche en vie animale que chacune des
zones qu'elle sépare. Le cerf de Virginie, la gélinotte huppée et le renard roux sont spécialement attirés par les
bordures. Il n'est pas rare non plus d'y observer des
écureuils ou des tamias rayés.

𝒞ontrairement à leurs consœurs de la forêt proprement dite qui ont peu de temps pour accomplir leur cycle de vie, les plantes de l'orée disposent de toute la belle saison pour fleurir, produire des graines et accumuler, au besoin, de nouvelles réserves. On peut donc y trouver des plantes en fleurs au printemps, à l'été et à l'automne. Les insectes qui les butinent pour leur nectar ou leur pollen favorisent la pollinisation et, par le fait même, la production de fruits. À cause de la diversité des espèces qu'on trouve dans l'orée d'une forêt, il vaut la peine de s'y attarder.

Ancolie du Canada

Aquilegia canadensis

$\mathcal{C}$ontrairement à l'ancolie vulgaire importée d'Europe comme plante ornementale, l'ancolie du Canada est une espèce indigène. Elle n'en est pas moins une très belle plante qui mériterait une place de choix dans nos jardins où elle attirerait les oiseaux-mouches. Les pentes exposées, au sol mince et parfois inexistant, constituent son habitat naturel. Dans ces milieux plus ou moins dénudés, elle profite des crevasses qui renferment un peu d'humus pour s'enraciner. Elle égaie ces lieux de son feuillage léger, vert brillant, et de ses fleurs aux couleurs vives: rouge à l'extérieur et jaune clair à l'intérieur.

Ancolie vulgaire

Aquilegia vulgaris

$\mathcal{L}$es fleurs de l'ancolie vulgaire, aussi appelée gants de Notre-Dame, se distinguent par la présence d'éperons fortement recourbés qui sont des prolongements des pétales. Ces éperons rappelant la forme de colombes perchées ont valu à la plante le nom de «colombine». Carl von Linné, naturaliste suédois qui a décrit des milliers de plantes et proposé la nomenclature binominale encore en usage aujourd'hui, y a vu plutôt les serres d'un aigle (*Aquila* en latin) et a choisi le mot Aquilegia pour désigner les plantes de ce groupe. Le nectar caché dans les éperons est accessible seulement aux gros bourdons qui ont une longue langue et aux oiseaux-mouches. Les abeilles les butinent mais doivent se contenter de récolter le pollen des étamines.

Apocyn à feuilles d'androsème

Apocynum androsæmifolium

$\mathcal{L}$'apocyn à feuilles d'androsème est aussi appelé herbe à puce par plusieurs. Chez certaines personnes, le contact avec cette plante peut effective-ment provoquer des irrup-tions (comme le sumac vénéneux, l'autre espèce connue sous le nom d'herbe à puce). En Europe, la plante porte le nom de gobe-mouches, appellation très appropriée puisque ses fleurs constituent de vérita-bles pièges à insectes. En effet, les glandes qui pro-duisent le nectar sont pla-cées de telle sorte que la

trompe de l'insecte butineur reste coincée entre les deux masses polliniques voisines quand il vient la retirer. S'il réussit à se déprendre, il ira déposer le précieux pollen sur une autre fleur mais, s'il n'y parvient pas, il mourra sur place.

Aster acuminé

Aster acuminatus

L'aster acuminé enjo-live nos forêts à l'automne au moment de sa floraison. On l'observe principalement en bordure des sentiers où il bénéficie d'un éclairage indirect. On le reconnaît à sa tige en zig-zag, à ses feuilles oblongues et à ses capitules aux rayons étroits, blancs ou purpurins. Aux dires des botanistes, l'Amérique du Nord est le royaume des asters. On y trouve plus de la moitié des trois cents espèces connues, et on en découvre de nouvelles régulièrement. Ceci sans compter les nombreuses variétés développées par les horticulteurs. Comment reconnaît-on les asters? Comme les marguerites, ils produisent des capitules composés de deux sortes de fleurs: au centre, des fleurs jaunes en forme de tube et, sur le pourtour, des fleurs blanches, roses ou violettes en forme de languettes.

Benoîte d'Alep

Geum aleppicum

*L*a benoîte d'Alep agrémente les fossés et les champs humides. Si ses fleurs jaunes manquent d'éclat à côté des gracieuses ombellifères et des exubérantes composées, son feuillage, par contre, présente un certain intérêt. Les feuilles à la base de la plante sont grandes et divisées en folioles: trois grandes à l'extrémité et plusieurs petites situées de part et d'autre du rachis que parcourt la nervure centrale. Les feuilles dispersées sur la tige sont plus petites et ne comportent que trois folioles. La plante est couverte de poils à l'exception des fruits qui sont surmontés d'une pointe fine terminée en crochet.

Dièreville chèvrefeuille

Diervilla lonicera

*L*e dièreville chèvre-
feuille, un arbuste
d'environ 1 m de hauteur, se
reconnaît à ses feuilles
opposées, arrondies à la
base, mais allongées à la
pointe. Les rameaux se terminent généralement par un
groupe de quatre ou cinq
fleurs jaunes ou rouge
orange. L'origine du nom
vaut la peine d'être rapportée. En 1706, le sieur de
Dièreville visita Port-Royal
en Acadie. À cette occasion,
il récolta un certain nombre
de plantes qu'il rapporta en
Europe. Il les soumit à l'un
des grands botanistes de
cette époque: Joseph Pitton
de Tournefort. En signe de
reconnaissance, ce dernier
attribua le nom du donateur
à cette espèce inconnue, du
moins en Europe. En Amé-
rique, on l'utilisait déjà depuis
fort longtemps pour traiter
les problèmes urinaires.

Framboisier sauvage

Rubus odoratus

*A*vec ses grandes fleurs rose foncé et délicatement parfumées, ses feuilles découpées comme celles des érables et son port élégant, le framboisier sauvage mériterait une place de choix dans les aménagements paysagers. C'est d'ailleurs une pratique déjà établie en Europe. Ici, il faut le chercher à la lisière des bois rocheux ou le long des chemins ombragés. Les fleurs, qui sont rose foncé les jours froids et nuageux, tournent au bleu rose quand elles sont exposées au soleil ardent.

Géranium de Robert

Geranium robertianum

égayent la sobriété de ces lieux. Les fruits aux parois élastiques projettent leurs graines à plusieurs mètres de distance. Après la floraison, les tiges et les feuilles s'illuminent de taches rouges. Les feuilles froissées dégagent un agréable parfum. Selon certains auteurs, le nom d'espèce *robertianum* aurait été donné à ce géranium en l'honneur de Robert Goodfellow, le fameux Robin des Bois.

*A*vec un peu de chance, en se promenant à l'orée de la forêt on peut croiser un géranium de Robert. Du début de l'été jusqu'aux neiges, ses petites fleurs rose lavande

Héliopsis faux-hélianthe

Heliopsis helianthoides

$\mathcal{L}$'héliopsis faux-hélianthe ressemble à l'hélianthe annuel, le fameux tournesol cultivé. Ses feuilles sont rugueuses sur les deux faces et distinctement trinervées. Les capitules comportent, au centre, des fleurs tubuleuses jaunes et, sur le pourtour, des rayons également jaunes mesurant près de 25 mm. Cette plante pousse de préférence dans les lieux secs où elle dépasse de beaucoup ses voisines avec ses tiges pouvant atteindre 1,5 m de hauteur.

Rudbeckie laciniée

Rudbeckia laciniata

$\mathcal{L}$a tige principale de la rudbeckie laciniée, qui peut atteindre 2 m de hauteur, est très ramifiée. Chaque rameau se termine par des capitules composés de rayons jaunes qui entourent les fleurs tubuleuses brunes réunies en une masse serrée au centre. Les feuilles, plutôt grandes (de 20 à 30 cm), sont divisées en trois à sept lobes dentés. Pour la fraîcheur et la gaieté qu'elle apporte, une forme double est utilisée dans les aménagements paysagers. Elle est surtout recommandée pour agrémenter les coins ombragés des jardins.

L'orée de la forêt

Spirée à larges feuilles

Spiræa latifolia

La spirée à larges feuilles est très répandue en bordure des routes, mais aussi à l'orée de la forêt où elle peut bénéficier de tout l'ensoleillement requis pour son développement. Espèce arbustive, elle joue un rôle important dans ces habitats, offrant à la fois abri et nourriture à une foule d'organismes. Les fleurs blanches ou rosées, disposées en larges panicules, sont visitées par les insectes. Avec les feuilles, on peut préparer une infusion qui a le goût du thé, d'où l'appellation de thé du Canada que lui avaient donné les colons. Le terme amérindien pour désigner cette plante se traduit par «thé des indiens».

Spirée tomenteuse

Spiræa tomentosa

$\mathcal{L}$a spirée tomenteuse doit son nom à la présence de poils courts, serrés les uns contre les autres, sur ses rameaux et sur la face inférieure de ses feuilles. Ses nombreuses

petites fleurs roses sont groupées en épi à l'extrémité des rameaux. La spirée tomenteuse forme des bosquets le long des fossés ou en bordure des forêts et des tourbières. Autrefois, elle était utilisée comme succédané du thé et servait de remède populaire contre la diarrhée.

L'orée de la forêt

Verge d'or à tige zigzagante

Solidago flexicaulis

$\mathcal{L}$a flore du Québec méridional compte une vingtaine d'espèces différentes de verge d'or qu'il est parfois difficile de différencier. Tel n'est pas le cas pour la verge d'or à tige zigzagante justement en raison de sa tige en zigzag, mais aussi à cause de ses larges feuilles ovales, caractère inusité chez les verges d'or. Les capitules de fleurs jaunes sont insérés par petits groupes au point d'attache des feuilles sur la tige. Autrefois, on mâchait les racines séchées pour soulager les maux de gorge.

*L*a revanche des fleurs

*Q*uand l'homme abandonne la terre qu'il avait volée à la forêt, la nature reprend vite ses droits, et les plantes indigènes font leur réapparition. Les premières arrivées sont celles se reproduisant par des graines qui peuvent être transportées massivement par le vent: pissenlit, marguerite, asclépiade, chardon et certaines graminées. Les insectes découvrent rapidement l'emplacement de ce nouveau supermarché! Puis, les oiseaux, qui se nourrissent à la fois des insectes et des graines, arrivent à leur tour. Ils rendent de grands services aux agriculteurs en s'attaquant également aux insectes prédateurs des cultures environnantes.

L'abondance du trèfle des prés, une espèce généralement cultivée, indique que ce champ a été récemment abandonné. Le sol enrichi en azote par les bactéries qui vivent en association avec ses racines constitue un milieu exceptionnel pour la croissance des plantes indigènes. La taille atteinte par ces marguerites en fait foi.

À cause de leur façon de croître, l'épervière orangée et l'épervière jaune peuvent restreindre le développement des autres espèces. Après s'être établies, elles émettent rapidement des stolons qui s'enracinent et engendrent d'autres plants. Les feuilles étalées sur le sol finissent par former un tapis continu qui élimine les autres plantes.

La revanche des fleurs

Achillée millefeuille

Achillea millefolium

S'il est une plante connue et utilisée à travers le monde, c'est bien l'achillée millefeuille. Elle fait partie de la mythologie, du folklore, de la médecine populaire et de la littérature de nombreux peuples. Le nom du genre viendrait du célèbre guerrier Achille qui aurait eu recours à cette plante pour guérir les blessures de ses soldats. Le spécifique «millefeuille» fait référence à ses feuilles très découpées. Ces dernières, touffues et gracieusement recourbées, ont inspiré aux Amérindiens l'appellation «queue d'écureuil» pour la désigner. On la connaît aussi sous le nom «d'herbe à dinde» parce qu'on l'utilisait autrefois pour nourrir cette volaille.

Anaphale marguerite

Anaphalis margaritacea

*G*râce aux petites bractées blanches qui entourent les fleurs fertiles, les capitules de l'anaphale marguerite conservent leur apparence très longtemps après la floraison. Pas étonnant qu'on les utilise dans les arrangements de fleurs séchées et, surtout, qu'on lui ait donné le nom d'«immortelle». Elle dépend des insectes ailés pour sa pollinisation. Ils sont attirés par le nectar que sécrètent les fleurs. Par ailleurs, les poils abondants qui couvrent la plante empêchent l'ascension des fourmis et des autres chapardeurs de ce tribut sucré réservé aux pollinisateurs. Autrefois, on utilisait la plante pour soigner les maladies de peau, les brûlures, les paralysies et, en association avec d'autres plantes, pour traiter l'asthme.

Aster à ombelles

Aster umbellatus

$\mathcal{Q}$ uand il pousse dans des conditions idéales, l'aster à ombelles peut atteindre plus de 2 m de hauteur. Seule la partie supérieure de la tige est ramifiée. Les rameaux, plus longs s'ils partent d'un peu plus bas sur la tige principale et plus courts s'ils sont près de son sommet, se terminent tous par un petit bouquet de capitules à rayons blancs. Ce mode de disposition fait en sorte que les capitules forment comme une ombelle, d'où le nom de cet aster. Certaines tribus amérindiennes utilisaient cette plante pour éloigner les mauvais esprits qui empêchaient les malades de recouvrer la santé.

Aster latériflore

Aster lateriflorus

Ce n'est pas un hasard si on a assigné le spécifique «latériflore» à cet aster. Il suffit d'examiner la plante en fleurs pour en trouver la raison: les rameaux portant des capitules de fleurs sont presque tous insérés du même côté de la tige principale. La plante peut atteindre 1,5 m de hauteur, et ses branches sont parfois très longues. Les capitules, aux rayons blancs ou purpurins, sont insérés à l'extrémité des rameaux qui s'inclinent sous leur poids. L'aster latériflore pousse dans les lieux ouverts ou ombragés, secs ou humides. D'après une croyance ancienne, appliquer en les écrasant les sommités fleuries de cette plante sur une personne qui a perdu l'esprit peut aider celle-ci à le retrouver!

Bermudienne à feuilles étroites

Sisyrinchium angustifolium

*I*l faut un bon sens de l'observation pour découvrir la bermudienne à feuilles étroites dans le tapis de graminées. Heureusement, lorsqu'on en aperçoit une, invariablement on en trouve plusieurs autres dans son entourage. Les fleurs, bleues ou violettes, ont besoin du soleil pour s'épanouir. Sous son action, les pétales s'inclinent de plus en plus, découvrant les étamines dorées qui se cachaient à l'intérieur de la corolle. Le nom «bermudienne» viendrait du fait que la première description de Carl von Linné réunissait l'espèce présente et une des Bermudes.

Chou-rave

Brassica rapa

Comme les moutardes et les radis, le chou-rave appartient à la famille des crucifères. Échappé de culture, il n'est pas rare de le trouver dans les lieux habités. Il est d'ailleurs considéré comme une mauvaise herbe et est très répandu dans le monde. Les fleurs jaunes, caractérisées par la présence de quatre sépales et de quatre pétales, sont disposées en grappes allongées. Les graines du chou-rave sont très appréciées des oiseaux chanteurs, mais plus particulièrement des tourterelles et des moineaux.

Épervière des prés

Hieracium pratense

L'épervière des prés déploie ses capitules jaunes un peu plus tard dans la saison que l'épervière orangée. Plante très envahissante, elle prend peu à peu la place de cette dernière. Deux autres espèces d'épervière ont des fleurs jaunes: l'épervière des Florentins et l'épervière à fleurs nombreuses. Les trois espèces sont parfois réunies sous le nom d'épervière jaune. Pour ce qui est de colorer le paysage en jaune doré, les épervières abdiquent à la fin du mois d'août cédant la place aux verges d'or.

Épervière orangée

Hieracium aurantiacum

*L*es épervières sont responsables de la coloration jaune et orangé que prennent les champs et les bordures de routes au début de l'été. L'épervière orangée est la première à se pointer. Ses capitules orange flamboyant sont très caractéristiques. Les feuilles forment une rosette à la base de la plante et, comme la hampe florale, elles sont couvertes de poils. Cette forte pubescence, qui constitue une protection contre le froid, s'explique sans

doute par son lieu d'origine, les froides et hautes montagnes du nord de l'Europe et de l'Asie. Alors, comment expliquer sa présence dans nos régions? En 1875, on la signale dans l'État du Vermont où elle est cultivée comme plante ornementale. Très vite, elle s'échappe vers le nord et commence à envahir le Québec et l'Ontario.

Érigéron de Philadelphie

Erigeron philadelphicus

*I*l existe environ deux cents espèces d'érigéron dans le monde. Les premières seraient apparues en Amérique du Nord et elles auraient envahi les autres continents en suivant les déplacements de l'homme et le défrichage. Les érigérons, qu'on nomme aussi vergerettes, ressemblent beaucoup aux asters.

On les reconnaît à leurs capitules au centre toujours jaune et aux rayons plus fins et plus nombreux. L'érigéron de Philadelphie fleurit au printemps. Il est facile à distinguer grâce à ses capitules comprenant de cent à cent cinquante rayons roses ou pourpres et à ses feuilles dont la base embrasse la tige.

Érigéron hispide

Erigeron strigosus

L'érigeron hispide est classé parmi les mauvaises herbes parce qu'il croît dans les pâturages et les champs de foin. Ses graines, très petites, y sont introduites par le biais des semences. Sa tige principale se divise en rameaux secondaires dressés. Ceux-ci se terminent par de nombreux capitules aux rayons blancs entourant les fleurs tubuleuses jaunes. Autrefois, les feuilles séchées et réduites en poudre servaient à éliminer les puces.

Dans certaines tribus amérindiennes, on avait recours à cette même plante pour traiter les migraines.

Eupatoire maculée

Eupatorium maculatum

$\mathcal{I}$mpossible de ne pas remarquer l'eupatoire maculée au moment de sa floraison. Comme elle forme de grandes colonies dans les terres basses et humides, on dirait une nappe rose ondulant au gré du vent. Ajoutez à cela un parfum subtil dû à une huile

volatile sécrétée par la plante, et votre joie sera complète. Si vous l'examinez de plus près, vous remarquerez que les feuilles sont insérées par quatre ou par cinq à différents niveaux sur la tige. Les Indiens d'Amérique lui reconnaissaient plusieurs propriétés médicinales: ils l'utilisaient pour soigner le rhume, la grippe et la faiblesse générale.

Fraisier de Virginie

Fragaria virginiana

*P*armi les espèces indigènes de fraisier qu'on peut trouver au Québec, le fraisier de Virginie ou fraisier des champs est le plus courant. Il envahit les champs en y formant des colonies circulaires, qu'on appelle familièrement «talles» ou «bouillées» selon les régions. Les fleurs blanches, en grappes légères, donnent naissance à des fruits beaucoup plus petits que ceux vendus dans le commerce, mais plus sucrés et plus savoureux. Mangés en

quantité, ils sont laxatifs, alors qu'une infusion de quelques feuilles de fraisier dans une tasse d'eau bouillante combat la diarrhée. Les Indiens d'Amérique recouraient aux fraisiers dans les cas de diarrhée chronique, d'obstruction des reins et du foie, pour soigner les affections cutanées et les rhumatismes. Les insectes, les oiseaux et même certains mammifères, tels les écureuils, consomment les feuilles et les fruits des fraisiers.

Lychnide fleur-de-coucou

Lychnis flos-cuculi

*L*e lychnide fleur-de-coucou a été importé d'Europe comme espèce ornementale, et ce avant 1862, puisque l'abbé Léon Provancher l'inclut dans la *Flore canadienne* qu'il publie cette année-là. Depuis il a envahi les milieux naturels. Il semble toutefois restreint aux régions de Montréal, de Québec, de Trois-Rivières et du sud de l'Estrie. Au printemps, le lychnide fleur-de-coucou colore en rose foncé les prairies humides et les fossés, ses habitats de prédilection. La plante présente une tige raide, des feuilles opposées étroites et allongées, et des fleurs aux pétales divisés en fines lanières entourés par un calice globuleux à leur base.

Marguerite blanche

Chrysanthemum leucanthemum

*C*ette plante familière, complice de nos étés, aura toujours la faveur des enfants. Quelle maman n'a pas déjà reçu un bouquet de marguerites? La marguerite blanche pousse en abondance dans les champs, en bordure des routes et dans les terrains vagues. Elle affectionne en particulier les terrains secs. Elle est parfois si abondante qu'on dirait un champ couvert de neige. Devant cette profusion, on a peine à croire que cette espèce ne soit pas une plante indigène. Originaire de l'Eurasie, elle s'est répandue dans le monde entier. Les horticulteurs, quant à eux, ont obtenu des variétés intéressantes en croisant différentes espèces. À ce titre, il faut mentionner la marguerite des fleuristes qui provient du croisement de *Chrysanthemum indicum*, une espèce chinoise, avec *Chrysanthemum morifolium*, une espèce originaire du Japon.

Moutarde des champs

Brassica kaber

$\mathcal{L}$a moutarde des champs est l'une des mauvaises herbes les plus communes et les plus nuisibles dans les cultures. Les graines gardant leur pouvoir de germination pendant au moins quinze ans, une nouvelle génération de moutarde peut apparaître subitement dans un champ lorsqu'elles sont ramenées à la surface par un labour. Toute la plante est rude au toucher parce qu'elle est couverte de poils raides. Une tache violette au point de jonction des branches avec la tige est un autre caractère facile à observer. Ses fleurs jaune vif sont odorantes. Ses graines comestibles peuvent servir à assaisonner les salades et les soupes.

Prunelle vulgaire

Prunella vulgaris

«brunelle» parce que ses fleurs brunissent une fois fanées. Carl von Linné modifia son nom sans raison apparente. Les fleurs, violettes au début, sont groupées en glomérules formant des têtes à l'extrémité de la tige principale et des rameaux. La prunelle vulgaire était autrefois utilisée pour soigner les plaies et arrêter les hémorragies; on la surnommait à juste titre «herbe au charpentier».

$\mathcal{S}$elon certains auteurs, la prunelle vulgaire se serait appelée autrefois

Renoncule âcre

Ranunculus acris

La renoncule âcre, ou bouton d'or, est originaire d'Europe. Depuis son introduction en Amérique, elle s'est complètement naturalisée. On la trouve partout dans les lieux ouverts. Quand elle est présente dans un pâturage, les vaches évitent de la brouter, car elle renferme une substance irritante pour la bouche et le système digestif. Il faut d'ailleurs prévenir les enfants du danger qu'elle représente car, attirés par cette fleur brillante, ils pourraient être tentés de la mettre à la bouche.

Trèfle agraire

Trifolium agrarium

Le trèfle agraire est commun en bordure des routes et dans les champs sablonneux. Au printemps, il se couvre de capitules composés de fleurs jaunes qui s'inclinent peu à peu et brunissent. Bien qu'il soit abondant dans les terres acides, il n'a pas de valeur agricole parce qu'il présente l'inconvénient de ne pas être vivace. Plusieurs animaux sauvages broutent le feuillage du trèfle agraire ainsi que des autres espèces de trèfle. On peut citer entre autres: le lièvre d'Amérique, la marmotte commune, la mouffette rayée, le porc-épic, le raton laveur et même la gélinotte huppée. Les petits oiseaux chanteurs, quant à eux, en picorent les graines.

Trèfle hybride

Trifolium hybridum

$\mathcal{L}$e trèfle hybride est aussi connu sous le nom de trèfle Alsike, nom d'un petit village de Suède où on a commencé à le cultiver au siècle dernier. Au Québec, cette pratique s'est répandue vers le milieu du XIXᵉ siècle. On le cultive en association avec le trèfle rouge et une graminée, la phléole des prés. Les fleurs, roses ou pourpres, s'inclinent peu de temps après s'être épanouies, donnant une allure caractéristique aux capitules. Autre trait distinctif: l'extrémité des folioles est arrondie.

Trèfle blanc

Trifolium repens

*L*e trèfle blanc est une plante vivace à tige rampante. Il forme rapidement des colonies qui font un bel effet lorsqu'elles se couvrent de capitules de fleurs blanches ou rosées. Comme le piétinement stimule sa multiplication au lieu de l'affaiblir, il y aurait lieu d'y recourir plus souvent pour verdir les parcs et, pourquoi pas, les terrains privés? Comme les autres espèces de légumineuses, il contribue à améliorer le sol dans lequel il pousse grâce à certaines bactéries nitrifiantes qui vivent en symbiose avec ses racines. Les apiculteurs, quant à eux, soutiennent que ses fleurs sucrées produisent un miel de qualité supérieure.

Trèfle rouge

Trifolium pratense

*C*ultivé en Espagne et en Italie dès le XVᵉ siècle, le trèfle rouge a été introduit en Amérique du Nord vers la fin du XVIIIᵉ. Depuis ce temps, les bourdons et quelques espèces de papillons se régalent du nectar de ses fleurs. Les abeilles n'ont malheu-reusement pas la langue assez longue pour l'atteindre. Elles les visitent quand même, se contentant de récolter le pollen. Le lien très étroit entre le trèfle rouge et les bourdons a été mis en évidence lorsque l'on a essayé d'acclimater cette culture en Australie. La première récolte fut très abondante, mais aucun plant ne portait de graines. On répéta l'expérience en ayant soin d'ajouter des bourdons importés d'Amérique et, depuis ce temps, le trèfle rouge prospère au pays des kangourous.

Verge d'or du Canada

Solidago canadensis

$\mathcal{D}$es cent vingt-cinq espèces de verge d'or présentes en Amérique du Nord, une vingtaine se trouvent au Québec méridional. Si certaines sont confinées à des habitats très particuliers, d'autres sont peu exigeantes et prolifèrent dans des milieux très diversifiés. Tel est le cas de la verge d'or du Canada à laquelle on doit en grande partie la splendeur de nos paysages d'automne. Sa tige, qui peut atteindre 1,5 m de hauteur, est garnie de feuilles clairement trinervées. Les très nombreux petits capitules qui composent son inflorescence sont portés par des rameaux gracieusement recourbés.

Véronique à feuilles de serpolet

Veronica serpyllifolia

*B*ien qu'elle soit parfois abondante dans les gazons ou dans les champs abandonnés, la véronique à feuilles de serpolet passe habituellement inaperçue à cause de sa petite taille. Seule une partie de sa tige est dressée, l'autre est rampante et s'enracine facilement. Les fleurs, qui mesurent à peine 2 mm, sont situées à l'extrémité des rameaux dressés. Elles comportent quatre pétales de dimensions inégales et colorés différemment: trois sont rayés de violet et le quatrième est entièrement blanc. Quand on examine une fleur de près, on croirait voir un visage. Le pétale plus grand, orienté vers le haut, représente le front, les deux pétales latéraux, les joues et le dernier, beaucoup plus petit, le menton. Les deux anthères portées par des filets dressés complètent ce portrait en figurant les yeux. Dans le récit de la Passion, une femme nommée Véronique avait essuyé le visage du Christ, et le linge en avait gardé l'empreinte. Certains ont cru que le nom de «véronique» avait été attribué à ces plantes en l'honneur de cette femme, mais il semblerait que Veronica soit plutôt une déformation de *Betonica*.

Vesse jargeau

Vicia cracca

$\mathcal{L}$a vesse jargeau peut atteindre jusqu'à 2 m de hauteur. Ses feuilles composées de dix-huit à vingt-quatre folioles légères se terminent par une vrille qui lui permet de s'agripper aux autres plantes et aux clôtures. Les fleurs, réunies en grappes, s'ouvrent successivement de bas en haut. Sous leur poids, les inflorescences s'inclinent, protégeant ainsi les pièces fertiles des intempéries et des insectes inaptes à effectuer leur pollinisation. Pour avoir accès au nectar, le bourdon commun *(Bombus terrestris)* n'hésite pas à percer la base de la fleur, ouvrant ainsi la voie aux autres insectes. Si elle peut devenir une peste dans les aménagements paysagers, elle constitue par contre un excellent fourrage.

$\mathcal{L}$es compagnes de nos routes

$\mathcal{L}$es abords des routes constituent des endroits privilégiés pour observer la flore indigène, plusieurs conditions étant réunies pour favoriser la biodiversité: un milieu ouvert et ensoleillé, un gradient d'humidité allant du très humide au très sec et un apport continuel de graines par le vent, par les oiseaux et même par les véhicules. Une vieille route de campagne est l'endroit par excellence comme l'illustre si bien ce cliché.

𝒮es bordures d'autoroute présentent un contexte plus
uniforme que les routes de campagne, favorisant ainsi
l'établissement de grandes colonies composées d'un nombre
plus restreint d'espèces de plantes. Celles-ci, fleurissant à
différentes périodes au cours de la belle saison, confèrent à
ces milieux une physionomie sans cesse renouvelée. Au
début de l'été, les lychnides fleur-de-coucou colorent en
rose les bords des autoroutes de certaines régions.

Les compagnes de nos routes

$\mathcal{A}$u milieu de l'été, la chicorée sauvage prend la relève. Il faut préciser cependant que ses capitules bleus se décolorent rapidement au cours de la journée. Avis aux amateurs: la version bleue du spectacle n'est présentée qu'en matinée!

$\mathcal{L}$es masses de capitules jaunes des verges d'or habillent les champs de la couleur des rois jusqu'à tard en automne.

Les compagnes de nos routes

*M*ême si on déplore le fait que le roseau commun
devienne très envahissant dans certains milieux, il n'en
demeure pas moins qu'en automne et même en hiver, il
pare de ses gracieux épis les bords des routes.

Les compagnes de nos routes

Anémone du Canada

Anemone canadensis

*D*ans la *Flore lauren-
tienne,* Marie-Victorin
affirme que l'anémone du
Canada est une des plus
belles plantes de notre flore
indigène. Le vert de ses
feuilles profondément
découpées met en valeur la
blancheur des fleurs. L'effet
est d'autant plus spectaculaire que l'anémone du
Canada forme de grandes
colonies sur les talus des
ruisseaux et des fossés. S'il
en est ainsi, c'est parce
qu'elle se multiplie de façon
végétative par des bour-
geons qui se forment sur les
racines.

Asclépiade commune

Asclepias syriaca

Qui ne s'est pas amusé, au moins une fois, à défaire un fruit d'asclépiade commune que certains appellent «petit cochon» ou «cochon de lait» en raison du latex blanc présent dans toutes les parties de la plante. Les longues aigrettes soyeuses fixées au sommet de chaque graine facilitent leur dispersion. Des recherches récentes ont démontré que ces aigrettes creuses ont des propriétés isolantes qui pourraient trouver de nombreuses applications intéressantes. Les fleurs sont visitées par plusieurs insectes, en particulier les papillons. Le monarque est de ce nombre.

Aster simple

Aster simplex

    L'aster simple est universellement répandu: on peut le trouver sur les grèves sablonneuses et sur les berges des rivières, dans les pâturages humides, au bord des routes et dans les fossés. Il remonte très loin au nord; des spécimens d'herbier attestent, en effet, qu'on l'a trouvé à Rupert House mais, curieusement, cette espèce est absente de la péninsule gaspésienne. L'aster simple est caractérisé par des feuilles lancéolées et des capitules aux rayons blancs ou très légèrement purpurins.

Barbarée vulgaire

Barbarea vulgaris

𝒫remière de nos cruci-fères à fleurir le prin-temps, la barbarée vulgaire ou herbe de Sainte-Barbe agrémente les bords des routes de ses fleurs jaunes très voyantes. La forme des feuilles varie selon leur posi-tion sur la plante: les infé-rieures sont divisées et se terminent par un lobe arrondi alors que les supé-rieures sont oblongues. L'origine du nom populaire est fort intéressante. Cette appellation remonte à l'époque où on associait les plantes avec les saints. La barbarée était utilisée pour la guérison des blessures, et sainte Barbe était la patronne des militaires, exposés par profession aux blessures: l'association fut vite trouvée.

Carotte sauvage

Daucus carota

*V*enue d'Europe, la carotte sauvage s'est rapidement répandue dans les champs et en bordure des routes. À cause de la finesse de ses feuilles et de l'élégance de son inflorescence — elle est composée de minuscules fleurs blanches disposées en ombelle —, elle a été une source d'inspiration tant pour les peintres que pour les photographes. Elle est aussi une

source de rafraîchissement pour les mouches, les abeilles et les guêpes, plus particulièrement les guêpes à papier. L'automne venu, la gélinotte huppée glane ses minuscules graines tandis que les taupes se régalent de sa racine gorgée de réserves nutritives. La carotte sauvage n'est-elle pas l'ancêtre de la carotte cultivée?

Chardon des champs

Cirsium arvense

$\mathcal{L}$e chardon des champs est le plus commun de nos chardons. On le reconnaît à ses capitules roses, plutôt petits et dénués d'épines. Les feuilles, par contre, sont munies de piquants impressionnants. On raconte qu'au xe siècle, les Écossais réussirent à bloquer une invasion des Norvégiens grâce à l'abondance de chardons qui se trouvaient sur la route des envahisseurs. Leurs cris de douleur ayant donné l'alerte, les Écossais purent les repousser. À partir de ce moment, le chardon des champs devint l'emblème de l'Écosse.

Chardon vulgaire

Cirsium vulgare

*L*e chardon vulgaire préfère les sols riches et humides. Il croît dans les pâturages, les terrains incultes et au bord des routes. Sa floraison s'étend de juin à septembre. Il est plus grand que le chardon des champs et son arsenal d'épines, également plus impressionnant. Les bractées qui entourent les fleurs pourpres sont fortement épineuses et, de part et d'autre de la tige, courent deux ailes hérissées de piquants. Le chardonneret jaune arrache au chardon des filaments qui lui servent à tapisser son nid et il se nourrit de ses graines à la fin de l'été.

Chicorée sauvage

Cichorium intybus

$\mathcal{L}$a chicorée est une des rares plantes de notre flore à agrémenter nos paysages de fleurs bleues. Malheureusement, celles-ci sont éphémères. Quelques heures à peine après s'être épanouies, elles virent graduellement au rose, au blanc, puis finalement au brun pour se fermer au milieu de l'après-midi. La chicorée reproduit ce manège, jour après jour, jusqu'en octobre. De nombreux insectes butinent les fleurs fraîchement écloses. Les propriétés médicinales de cette plante sont connues depuis la plus haute antiquité où on la surnommait «l'amie du foie». La racine de la chicorée sauvage a déjà servi de substitut au café, principalement lors de la dernière guerre, période durant laquelle les importations étaient rendues plus difficiles.

Épilobe à feuilles étroites

Epilobium angustifolium

*L*orsque, en se baladant sur la route, on aperçoit dans les champs de grandes étendues magenta se balançant comme des nuages suspendus au-dessus de la verte mêlée, il s'agit presque assurément d'épilobes à feuilles étroites. Cette espèce affectionne les sols secs et envahit rapi-dement les terrains défrichés. Comme un phœnix, on la voit renaître de ses cendres, là où le feu a ravagé la forêt. De juin à septembre, les fleurs s'épanouissent en une longue succession, depuis le bas de la grappe jusqu'aux boutons floraux du haut de l'inflorescence. Plante melli-fère de qualité, elle est prisée par les apiculteurs qui instal-lent leurs ruches à proximité des colonies. Mais leurs principaux visiteurs sont les bourdons qui dorment sou-vent sur les fleurs, la nuit.

Euphraise

Euphrasia

*I*l faut un œil exercé pour remarquer les euphraises parmi les autres herbes. Lorsqu'elles sont en fleurs, une petite tache jaune sur la corolle peut arriver à attirer l'attention. Il vaut alors la peine de se pencher pour examiner la plante de plus près. La corolle blanche striée de mauve est composée de deux lèvres: l'une, supérieure, est recourbée vers le haut; l'autre, dirigée vers le bas, est largement étalée et porte la tache jaune. On dirait un clown faisant la grimace. Même si elles effectuent la photosynthèse, les euphraises ont besoin de parasiter d'autres plantes pour se développer normalement. Pour ce faire, elles disposent de suçoirs qu'elles introduisent dans les racines des graminées qui les entourent. Il semble que ce soit sans dommage pour ces dernières.

Gesse à feuilles larges

Lathyrus latifolius

Cultivée pour la beauté de son feuillage et de ses fleurs, la gesse à feuilles larges s'échappe à l'occasion des jardins pour s'établir au bord des routes. Ses grappes de fleurs pourpres ou blanches attirent inévitablement l'attention. Les tiges, normalement grimpantes quand elles disposent d'un support, forment alors un lacis par-dessus les herbes. Les feuilles, composées de deux folioles, se terminent par des vrilles.

Hémérocalle fauve

Hemerocallis fulva

Originaire d'Europe, l'hémérocalle fauve a été introduite en Amérique à titre de plante ornementale. Aussi, quand on en aperçoit une colonie en pleine nature, en général le long d'un chemin ou d'une rivière, on ne peut s'empêcher de chercher un jardin à proximité ou des indices, tels que les vestiges d'une maison, montrant qu'elle aurait pu être cultivée par les anciens propriétaires de la place. Les belles fleurs jaune-orange foncé ne durent qu'une journée et ne produisent jamais de graines. Les hémérocalles fauves se multiplient de façon végétative par des fragments qui réussissent à s'enraciner; ils ne forment donc tous qu'un seul clone.

Houstonie bleue

Houstonia cærulea

utrefois limitée à la région de l'Estrie, la houstonie bleue semble tenter une percée sur la rive nord du Saint-Laurent. On peut l'observer en particulier en bordure des autoroutes, habitat tout indiqué pour cette amante des grands espaces ensoleillés. Dès la fonte des neiges, les colonies se couvrent de petites fleurs bleues ou blanches portées par des pédoncules filiformes. La floraison se poursuit longtemps et, certaines années, on peut même assister à une deuxième floraison en août.

Liseron des haies

Convolvulus sepium

*P*our proliférer, le liseron des haies a
besoin d'humidité et d'un
support pour s'enrouler.
Aussi, les fossés et les clôtures qui longent les routes
sont des lieux privilégiés
pour observer les magnifiques fleurs de cette plante.
La forme et la couleur de
celles-ci ont valu à la plante
tout un cortège de noms
populaires plus ou moins
religieux: chemise du bon
Dieu ou de Notre-Dame,
robe à la bonne Vierge, fleur
de la Sainte-Vierge, gloire
du matin, belle de nuit et
plusieurs autres. Tous ces
beaux noms ne doivent pas
nous faire oublier que le
liseron des haies se propage
facilement et finit par étouffer
les autres plantes qui
l'entourent.

Lis tigré

Lilium tigrinum

$\mathscr{B}$ ien qu'il soit originaire d'Asie, le lis tigré est très bien établi en Amérique. Les feuilles, étroitement lancéolées, sont réparties autour de la tige. Celle-ci est forte, et sa couleur va du rouge-brun au noir. Chaque plant porte de cinq à vingt-cinq fleurs d'un beau rouge vermillon tacheté de brun foncé. Ces fleurs ne produisent pas de graines; le lis tigré se propage donc par des bulbilles noires qui se forment à l'aisselle des feuilles. Cette facilité à se multiplier ainsi pourrait expliquer son incapacité à se reproduire par des graines. Il est en effet bien connu que, dans toutes les espèces de lis, les individus appartenant à un même clone sont ordinairement stériles, les bonnes espèces étant la synthèse d'une diversité de races.

Lobélie gonflée

Lobelia inflata

$\mathscr{P}$etite plante gracile, la lobélie gonflée attire peu l'attention, même si elle est commune dans les champs et sur le bord des routes. L'inflorescence, une grappe allongée, comporte des bourgeons floraux à son extrémité supérieure, quelques fleurs bleu pâle au centre et des fruits à la base. Ceux-ci sont finement rayés et gonflés, d'où le nom de la plante. La lobélie gonflée était utilisée autrefois pour soigner l'asthme, mais cette pratique a été abandonnée à cause des accidents que pouvait entraîner son emploi, la plante étant extrêmement toxique.

Lotier corniculé

Lotus corniculatus

*L*e lotier corniculé appartient à la famille des légumineuses. Comme le trèfle et le mélilot, aussi des légumineuses, ses feuilles sont composées de trois folioles. Les fleurs d'un jaune éclatant sont groupées en petit nombre à l'extrémité de pédoncules dressés. Des gousses, mesurant de 2 cm à 4 cm, font suite aux fleurs. Le lotier corniculé a été volontairement ensemencé au bord de certaines routes; de juillet à septembre, c'est l'endroit par excellence pour observer ses beaux massifs couverts de fleurs jaunes. En Europe, où il est une plante indigène, on a découvert que la plante pouvait servir à traiter les cas de dépression, d'agitation nerveuse, d'insomnie et de palpitations d'origine nerveuse. Mais, comme la plante renferme des quantités variables de glucosides qui peuvent, en se décomposant, donner de l'acide cyanhydrique — un poison violent —, la prudence est de mise dans son emploi, et cela même pour l'alimentation du bétail.

Lysimaque terrestre

Lysimachia terrestris

$\mathcal{L}$e lysimaque terrestre se plaît dans les marais et les lieux humides. Il n'est donc pas étonnant de l'observer à l'occasion dans les fossés. On le reconnaît facilement à ses grappes de fleurs jaunes qui paraissent chiffonnées. En fait, les pétales minces et pointus ont tendance à se tordre un peu, ce qui confère à l'inflorescence une apparence ébouriffée. Le lysimaque terrestre peut aussi se multiplier par des bulbilles allongées qui se forment à l'aisselle des feuilles.

Mauve musquée

Malva moschata

Depuis l'antiquité, la mauve est recherchée pour ses vertus médicinales. Sa richesse en mucilage en fait une plante tout indiquée pour soulager les inflammations tant internes (entérites, bronchites, laryngites) qu'externes (inflammation de la peau ou des yeux).

*L*a mauve musquée fut introduite dans nos contrées à titre de plante ornementale. Elle pousse dans les lieux ouverts, près des anciens jardins, au bord des routes et des fossés. C'est une plante vivace aux feuilles très découpées. La floraison s'étend de juin à septembre; les fleurs roses ou blanches sont rassemblées au sommet des rameaux.

Mélilot blanc et mélilot jaune

Melilotus officinalis

$\mathscr{L}$e mélilot blanc (*Melilotus alba*) et le mélilot jaune (*Melilotus officinalis*) étaient autrefois considérés comme deux espèces différentes. Ils sont maintenant réunis sous l'appellation de *Melilotus officinalis*. Les fleurs blanches ou jaunes, en grappes allongées, sont fréquentées par une foule d'insectes. Les abeilles en font un miel très apprécié. En séchant, le mélilot dégage une odeur agréable, d'où la coutume d'en placer un faisceau dans les placards. Les mélilots possèdent également des propriétés médicinales reconnues; ils entrent, en particulier, dans la préparation d'eau distillée pour les soins des yeux.

Menthe à épis

Mentha spicata

La menthe à épis peut former de grandes colonies dans les milieux humides, tels les fossés. On la reconnaît à l'odeur caractéristique qu'elle dégage quand on froisse ses feuilles. Pas étonnant que la plante soit aussi connue sous le nom de «baume». Les fleurs minuscules sont groupées en épis étroits au sommet de la plante. La menthe possède des propriétés médicinales connues depuis la plus haute antiquité. Autrefois, dans les campagnes, chaque famille faisait, en été, sa provision de «baume». Encore aujourd'hui, les tisanes préparées avec des feuilles de menthe sont très appréciées.

Millepertuis commun

Hypericum perforatum

Les millepertuis doivent leur nom à la présence de petites glandes translucides qu'on peut apercevoir dans les feuilles quand on les regarde à contre-jour. Le millepertuis commun est une plante vivace qui se multiplie à la fois par des graines et par des stolons souterrains. Il ne faut donc pas se surprendre qu'il soit considéré comme un fléau par certains fermiers. En plus d'être envahissant, il renferme une substance, l'hypéricine, qui accroît de beaucoup la sensibilité aux rayons ultraviolets quand elle est consommée. Certaines races de mouton sont particulièrement sensibles à ce pigment. Considérée autrefois comme une plante magique, on en ajoutait quelques poignées dans les paillasses pour éloigner les mauvais esprits.

Molène vulgaire

Verbascum thapsus

lumière, elle est souvent la première plante à s'installer sur les terrains pierreux, pauvres en matière organique. La première année, le plant est réduit à une rosette de feuilles appliquées au sol. La deuxième année, apparaît une longue tige droite et non ramifiée qui se termine par un épi de fleurs jaunes, au parfum agréable. Autrefois, on en tirait une teinture jaune. Les graines, renfermées dans des capsules qui persistent longtemps sur la hampe florale, sont une importante source de nourriture pour les petits oiseaux.

*M*olène vulgaire, tabac du diable, cierge de Notre-Dame: les noms ne manquent pas pour désigner cette belle plante aux feuilles épaisses et laineuses. Ses graines ne germant qu'en pleine

Onagre bisannuelle

Œnothera biennis

$\mathcal{L}$'onagre bisannuelle peut atteindre jusqu'à 1,5 m de hauteur. Le jour, avec ses fleurs fanées, elle ne présente pas beaucoup d'attrait. Il en est tout autrement quand une nouvelle cohorte de fleurs jaunes, dégageant une délicieuse odeur citronnée, s'ouvre presque simultanément au début de la soirée. La floraison se prolonge tout l'été, mais peu de fleurs s'épanouissent sur un même plant chaque soir, évitant ainsi l'autofécondation. Les fleurs qui n'ont pas été pollinisées par les papillons de nuit, qui se nourrissent de leur nectar, restent généralement ouvertes toute la matinée suivante. Les bourdons et, à l'occasion, les oiseaux-mouches en profitent alors. Avant que la pomme de terre ne soit universellement cultivée, la racine de cette plante était utilisée comme un légume.

Panais cultivé

Pastinaca sativa

deuxième année, la plante produit une tige fortement côtelée qui peut mesurer jusqu'à 1 m de hauteur. Son extrémité se couvre de fleurs jaunes disposées en ombelles, elles-mêmes composées d'ombellules. Le panais cultivé renferme une substance qui rend la peau plus sensible aux rayons ultraviolets. Des cloches peuvent apparaître et laisser des cicatrices quasi permanentes.

*L*e panais cultivé à la racine âcre et ligneuse qui pousse en bordure des routes et celui que l'on cultive dans les potagers appartiennent à la même espèce: *Pastinaca sativa*. La différence entre ces deux plantes est le fruit d'une sélection opérée depuis l'antiquité romaine. L'année de la germination de la graine, la plante ne comporte que des grandes feuilles divisées, semblables à celles du céleri. La

Petite bardane

Arctium minus

*A*vec sa tige qui peut atteindre 2 m de hauteur et ses feuilles semblables à celles de la rhubarbe, la petite bardane n'est petite qu'en regard de sa sœur, la grande bardane. Très commune dans les campagnes, où elle croît près des bâtiments de ferme et le long des routes, elle y est connue sous les noms de rhubarbe sauvage,

artichaut, tabac du diable, graquias, toques, etc. En France, on l'appelle herbe aux teigneux, parce que les décoctions préparées à partir de ses feuilles peuvent être utilisées pour traiter les affections de la peau et du cuir chevelu. Les capitules de fleurs pourpres sont entourés de petits crochets qui ont inspiré l'inventeur du «velcro». En pratique, elles permettent aux capitules matures de se fixer à la toison des animaux, assurant ainsi la dispersion des graines dans l'environnement.

Potentille dressée

Potentilla recta

germent en grand nombre près de la plante qui les a produites. On a déjà compté plus de cent jeunes pousses près d'un vieux plant. Le nom du genre *Potentilla* vient de *potens* qui signifie «puissant» et qui fait référence aux propriétés médicinales de quelques espèces. La potentille dressée est du nombre: elle renferme des tanins qui ont un effet astringent et anti-inflammatoire. On y recourait autrefois pour traiter la dysenterie et la bronchite chronique.

La potentille dressée est considérée comme une mauvaise herbe par les agriculteurs. Cette plante vivace élit domicile dans les pâturages, les prés, les terrains incultes et au bord des routes. Un fort système de racines lui permet d'émettre, année après année, des tiges raides de 15 cm à 45 cm de hauteur portant des feuilles composées de trois à huit folioles. Les fleurs sont jaune foncé dans la forme typique et jaune soufre dans la variété *sulphurea*. Les graines

Quenouille

Typha

*L*a flore du Québec compte deux espèces de quenouille: la quenouille à feuilles étroites et la quenouille à feuilles larges, cette dernière étant la plus répandue. Ces plantes forment rapidement des colonies serrées grâce à des tiges souterraines qui établissent un réseau dans la vase. Ces rhizomes bourrés de réserves nutritives sont une source de nourriture importante pour les rats musqués et les castors. De ces rhizomes partent les feuilles linéaires et les épis bruns portés par une hampe rigide. La partie inférieure des épis est composée d'une multitude de fleurs femelles serrées les unes contre les autres et la partie

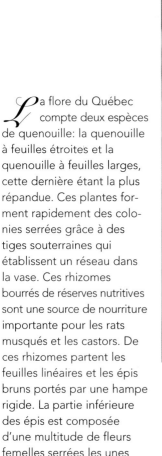

supérieure de fleurs mâles un peu plus distancées. Après sa fécondation, chaque fleur femelle donnera une graine munie de poils qui pourra être

transportée par le vent. Autrefois, on préparait un onguent pour traiter les brûlures en mélangeant ces graines plumeuses à du saindoux.

Rhinanthe crête-de-coq

Rhinanthus crista-galli

$\mathcal{L}$a rhinanthe crête-de-coq a fait son apparition dans le Maine vers 1850 au moment de la naissance du mormonisme, ce qui expliquerait son nom anglais Mormonweed. Il mentionne aussi que les rhinanthes, même si elles possèdent de la chlorophylle et peuvent faire la photosynthèse, parasitent les autres plantes au moyen de suçoirs qu'elles enfoncent dans leurs racines. En Europe, la rhinanthe crête-de-coq est considérée comme une nuisance, car, lorsqu'elle envahit les vieux pâturages, ceux-ci fournissent de moins en moins d'herbe.

Rosier cannelle

Rosa cinnamomea

$\mathcal{L}$es tiges du rosier cannelle sont garnies d'aiguillons acérés qui lui assurent une protection efficace contre le broutage. Les fleurs rose pâle sont généralement doubles et ne dégagent pas une odeur de cannelle, comme on serait porté à le croire. Le nom attribué à cette espèce fait plutôt référence à la couleur des jeunes rameaux.

Rosier rugueux

Rosa rugosa

É chappé de culture, le rosier rugueux peut se retrouver aux environs des anciens jardins. Ses tiges, très fortes, peuvent atteindre 2 m de hauteur. Elles sont couvertes d'une multitude de petits poils raides et d'aiguillons, moins nombreux mais très acérés. Les fleurs, d'un diamètre frisant parfois 7,5 cm, sont toutefois peu nombreuses.

Rosier inerme

Rosa blanda

*L*e rosier inerme ou rosier sauvage est commun partout au Québec. Il peut atteindre 1 m de hauteur. Les branches sont dépourvues d'épines sauf parfois à la base. Les feuilles composées de cinq à sept folioles sont garnies de poils courts. Les fleurs sont légèrement parfumées.

Après fécondation, elles forment un fruit charnu qu'on appelle cynorrhodon. Les cynorrhodons sont riches en vitamine C. En Angleterre, durant la Seconde Guerre mondiale, on les substituait aux agrumes qu'on ne pouvait importer. Les

cynorrhodons entrent dans la diète de plusieurs animaux: les oiseaux, les souris, les écureuils, les mouffettes, les lièvres et même les ours. Les rosiers offrent également un excellent couvert protecteur aux nichées des oiseaux chanteurs.

Rudbeckie hérissée

Rudbeckia hirta

elon Marie-Victorin, la rudbeckie hérissée ou marguerite jaune, cette fidèle compagne de nos routes, était inconnue dans le nord-est de l'Amérique avant 1830. Même si tous les plants donnent des capitules jaunes, des expériences en laboratoire ont démontré l'existence de deux races différentes à l'intérieur de ce groupe.

En croisant ces deux races, on obtiendrait des plantes à fleurs rouges (toujours selon Marie-Victorin).

Saponaire officinale

Saponaria officinalis

*P*arce qu'elle renferme de la saponine, une substance qui a la propriété de mousser comme du savon, la saponaire officinale porte aussi le nom d'«herbe à savon». Avec les racines bien lavées et séchées, on préparait autrefois une poudre qu'on utilisait pour se laver les mains. Mélangée à de la soude, elle servait à blanchir la laine et les dentelles. Comme son nom l'indique, la saponaire officinale possède également des propriétés médicinales: elle est diurétique, sudorifique et tonique. Il est important de rappeler toutefois que l'emploi de cette plante en usage

interne exige beaucoup de
prudence, car la dégradation
de la saponine libère des
substances toxiques.

Tanaisie vulgaire

Tanacetum vulgare

ℒa tanaisie vulgaire peut former de grandes colonies grâce à ses racines puissantes qui s'étendent dans le sol et produisent de nouvelles tiges aériennes. Elle a été introduite en Amérique du Nord probablement pour ses vertus médicinales et cela, dès le début de la colonisation. La présence de thuyone lui confère son parfum. Cette huile volatile chasse les mouches, les mites et les puces. À faible dose, elle est un vermifuge efficace. Les feuilles séchées et broyées servaient autrefois à assaisonner les poudings et les omelettes. La tanaisie vulgaire entre aussi dans la composition de la Bénédictine, qui est un digestif.

Les compagnes de nos routes

Trèfle pied-de-lièvre

Trifolium arvense

Le trèfle pied-de-lièvre abonde dans les milieux secs et sablonneux. Ses capitules d'un gris rosé et d'apparence soyeuse font un bel effet en bordure des routes. Bien qu'il puisse envahir les champs secs, il n'est pas utilisé comme plante fourragère. En revanche, il est recherché pour ornementer les arrangements de fleurs séchées.

Tussilage farfara

Tussilago farfara

$\mathcal{A}$u début du printemps, le tussilage farfara ou pas-d'âne illumine les abords des routes de ses capitules jaunes que bien des observateurs prennent pour ceux du pissenlit. Mais, dès que les feuilles apparaissent, la méprise n'est plus possible. Celles-ci rappellent vaguement l'empreinte du sabot d'un âne, et leur face dorsale est couverte d'un épais duvet blanc. Dans certaines régions, les feuilles séchées remplaçaient le tabac. Comme la fumée était sensée soulager la toux, quelques-uns y voient là l'origine de son nom.

Verge d'or graminifoliée

Solidago graminifolia

La verge d'or gramini-foliée est la seule parmi ses congénères à posséder des feuilles rudes et étroites à bord pubescent, et des capitules jaunes formant un corymbe aplati. La tige (de 60 cm à 1,20 m) est générale-ment ramifiée. La plante se multiplie par ses graines que le vent transporte et par de longs rhizomes qui forment de nouveaux plants à leur extrémité. Laissée à elle-même, la verge d'or gramini-foliée couvre rapidement de grandes surfaces. Certains la classent même parmi les mauvaises herbes mais, dans les faits, la plante est facile-ment contrôlée par des labours superficiels. Les taches noires sur les feuilles seraient dues à l'action combinée d'un champignon *(Rhytisma solidaginensis)* et d'un insecte *(Asteromyia carbonifera)*.

ſous le pont

*L*a plaine de débordement d'un cours d'eau subit des variations importantes durant l'année. Au printemps, tout est recouvert par l'eau et par les glaces. À la suite de leur retrait, les plantes apparaissent progressivement. Certaines renaissent à partir d'organes souterrains enfouis dans la vase. D'autres proviennent de la germination de graines ou du développement de boutures apportées par les glaces.

$\mathcal{L}$'érablière argentée est un des peuplements qui peuvent supporter des inondations prolongées au printemps et un niveau élevé de la nappe phréatique le reste de l'année. À cause de ces conditions particulières, peu d'espèces composent la flore du sous-bois, mais celles qui y sont présentes forment généralement d'importantes colonies. C'est le cas de la laportéa du Canada et de quelques fougères, telles l'onoclée sensible et la fougère à l'autruche.

$\mathcal{C}$haque cours d'eau a un charme unique lié à la nature des sédiments et à des conditions variées de lumière et de vitesse du courant. C'est toujours avec un plaisir renouvelé que l'on peut suivre les berges pour se laisser bercer par le murmure de l'eau, écouter le chant des oiseaux et observer les fleurs.

Achillée ptarmique

Achillea ptarmica

L'achillée ptarmique est beaucoup moins répandue que l'achillée millefeuille ou herbe à dinde dont les feuilles sont très divisées. Celles de l'achillée ptarmique sont simplement dentées. Les capitules, peu nombreux, sont d'un blanc pur et portés par de longs pédoncules. La

plante se multiplie par des rhizomes qui s'allongent dans le sol et se ramifient. Elle peut ainsi former de belles colonies dans les milieux humides, spéciale-ment sur les levées de fossé. Le mot «ptarmique» signifie «qui fait éternuer» d'où son nom populaire: herbe à éternuer.

Apios d'Amérique

Apios americana

La tige de l'apios d'Amérique peut mesurer jusqu'à 2 m. Il doit s'enrouler autour de la végétation environnante pour s'élever au-dessus du sol. Ses feuilles sont divisées en cinq ou sept folioles. Les fleurs, d'un pourpre brunâtre, sont réunies en grappes qui ne manquent pas de charme, mais l'odeur qu'elles dégagent est peu agréable. Elles produisent rarement des fruits, ce qui n'empêche pas la plante

d'être très abondante, surtout sur les rivages du fleuve Saint-Laurent. Il y a tout lieu de croire que sa multiplication est plutôt assurée par des tubercules qui sont en fait des renflements au niveau des rhizomes (tiges souterraines). La glace les arrache au printemps et les vagues les déposent ensuite sur le rivage. Aux premiers temps de la colonisation, ces tubercules servaient parfois de substitut au pain.

Asclépiade incarnate

Asclepias incarnata

plus nombreux et plus élancés que ceux de l'asclépiade commune. La plante fournissait des fibres aux Amérindiens du sud avec lesquelles ils confectionnaient des cordes, des filets pour la pêche et des ceintures ornées de perles. Les racines de l'asclépiade incarnate étaient aussi utilisées comme vermifuge.

*M*oins connue parce que moins répandue que l'asclépiade commune, l'asclépiade incarnate n'en est pas moins une très belle plante. La tige, qui peut atteindre facilement 1 m de hauteur, porte plusieurs rameaux. Les feuilles lancéolées se terminent par une pointe allongée. Les fleurs d'un rose pourpré sont groupées en plusieurs ombelles. Les fruits sont

Aster ponceau

Aster puniceus

des ruisseaux et le long des fossés. Il est surtout abondant au nord où l'on a observé sa présence jusqu'au centre de l'Ungava. La tige forte et rougeâtre, couverte de poils blancs, est très ramifiée et mesure de 1 à 2 m. La base des feuilles entoure les rameaux: on dit que les feuilles sont embrassantes. Les capitules, dont le diamètre peut atteindre

3 cm, sont généralement violets, mais on en trouve aussi des roses ou des blancs. Les Amérindiens fumaient les feuilles de certaines espèces d'aster. Il semblerait qu'en ce qui a trait à l'aster ponceau, ils utilisaient plutôt les petites ramifications des racines qu'ils mélangeaient au tabac pour obtenir des effets spéciaux.

L'aster ponceau est l'espèce familière des lieux humides. On peut le trouver sur les grèves estuariennes du fleuve Saint-Laurent, en bordure

Sous le pont

Clématite de Virginie

Clematis virginiana

*L*a tige de la clématite de Virginie mesure plusieurs mètres de longueur et elle est très flexible. Pour s'élever au-dessus du sol, la plante doit donc profiter d'un support, tels un vieux mur, une clôture ou des arbrisseaux. Il n'est pas rare aussi de l'observer serpentant gracieusement le long des voies ferrées. Les feuilles, composées de trois folioles, sont insérées par paire sur les rameaux. Au milieu de l'été, la plante se couvre de grappes de fleurs délicatement parfumées qui se transformeront, à maturité, en autant de fruits munis d'une longue aigrette plumeuse. L'effet est alors des plus saisissants et, à ce titre, la clématite de Virginie mériterait une place dans nos jardins, spécialement pour décorer les tonnelles.

Cuscute de Gronovius

Cuscuta gronovii

photosynthèse et assurer ainsi sa subsistance. Elle doit donc obligatoirement parasiter une autre plante pour croître, fleurir et produire des graines. Ce handicap majeur ne l'empêche pas de proliférer dans certains milieux humides. Au printemps, les graines germent sur le sol et engendrent chacune une pousse qui s'allonge rapidement. Le bourgeon terminal se met tout de suite à la recherche d'une plante qui lui servira d'appui et de garde-manger. Dès qu'une plantule trouve un support approprié, sa pointe s'enroule rapidement comme une vrille. La cuscute développe alors des suçoirs qui s'enfoncent dans la tige et soutirent les sucs nécessaires à son propre développement. Les plantules qui ne trouvent pas rapidement un support meurent d'inanition.

*D*épourvue de feuilles et surtout de chlorophylle, la cuscute de Gronovius ne peut faire la

Échinocystis lobé

Echinocystis lobata

L'échinocystis lobé est communément appelé concombre sauvage. Sa tige, faible et longue (de 5 m à 8 m), s'agrippe aux supports qui s'offrent à elle au moyen de vrilles qui sont en fait des feuilles modifiées. La plante produit deux types de fleurs: des fleurs femelles, solitaires, et des fleurs mâles, en grappes. Elles dégagent un parfum agréable qu'on peut sentir à distance quand on est en présence de grandes colonies. Chaque fleur femelle fécondée se transforme en un fruit globuleux aux parois minces et garnies d'épines grêles. Après un long processus de maturation qui s'accompagne de la destruction de la pulpe du fruit, les graines, entraînées par leur poids, glissent le long des cavités desséchées et tombent sur le sol humide où elles trouveront des conditions idéales pour germer.

Épiaire des marais

Stachys palustris

$\mathcal{L}$'épiaire des marais pousse souvent en compagnie de la menthe du Canada et du lycope d'Amérique. Ces trois plantes appartiennent à la même famille, celle des labiées; elles ont beaucoup de traits en commun, notamment celui d'avoir des feuilles opposées. La menthe du Canada se distingue facilement des deux autres espèces par l'odeur caractéristique qu'elle dégage quand on froisse ses feuilles. Le lycope d'Amérique, quant à lui, a des feuilles plus découpées que celles de l'épiaire des marais et, surtout, ses fleurs sont très différentes. En effet, alors qu'elles sont blanches et très petites chez le lycope, celles de l'épiaire des marais sont rouge pâle et mesurent près de 1,5 cm de longueur. Le fait qu'elles soient groupées en épi à l'extrémité des tiges dressées lui a valu le nom d'épiaire.

Gaillet palustre

Galium palustre

Il existe plusieurs espèces de gaillet qui se distinguent par leur tige quadrangulaire et la disposition de leurs feuilles, ou du moins ce qui semble être des feuilles, certaines expansions vertes étant en réalité des stipules. Les feuilles et les stipules sont

insérés par groupe de quatre et plus, à différents niveaux sur la tige. Les fleurs comptent toujours quatre pétales et elles sont blanches dans la plupart des cas. Le gaillet palustre pousse en s'appuyant sur les espèces voisines, car sa tige est grêle. Les fleurs, blanches et minuscules (de 2 mm à 3 mm de diamètre), sont nombreuses, et leur ensemble forme une inflorescence diffuse.

Galane glabre

Chelone glabra

*L*a galane glabre, aussi connue sous le nom de chélonée glabre, préfère les lieux humides et ombragés. Il faut donc la chercher dans les fossés qui longent les boisés. Les fleurs blanches teintées de rose ayant la forme d'une tête de tortue, les colons français l'appelaient «la tortue». Le sieur de Dièreville, au retour d'un voyage en Acadie vers 1700, remit des spécimens de cette plante au botaniste Tournefort qui consacra cet usage en créant le genre *chelone,* mot latin signifiant tortue. Bernard Assiniwi dans *La médecine des Indiens d'Amérique* signale qu'une pommade préparée avec des feuilles fraîches de galane glabre est excellente pour soulager les douleurs causées par les hémorroïdes, les tumeurs et les ulcères.

Gentiane d'Andrews

Gentiana andrewsii

*Q*uand on aperçoit, au hasard d'une promenade, une gentiane d'Andrews avec ce qui nous semble être de gros bourgeons floraux sur le point de s'épanouir, on peut être tenté de se dire qu'il faudrait revenir un peu plus tard dans la saison pour observer ce qui devrait donner de magnifiques fleurs

bleues. Ce serait peine perdue puisque la corolle ne fait que s'entrouvrir, et pour peu de temps. En quête de nectar, les bourdons réussissent tout de même à s'introduire dans la fleur, quoique difficilement. En passant d'une plante à une autre, ils favorisent la fécondation croisée. Les graines qui en résultent sont très petites, et très peu parviennent à germer à cause de leur manque de réserves nutritives.

Gesse palustre

Lathyrus palustris

$\mathcal{L}$a gesse palustre pousse dans les milieux humides et ouverts, tels les bords des lacs et des cours d'eau. Des vrilles situées à l'extrémité de ses feuilles permettent à sa longue tige (de 30 cm à 1,20 m) de s'agripper aux buissons et aux autres plantes voisines. Quand elle se couvre de grappes de fleurs pourpres, elle prend l'allure d'une guirlande. Les feuilles cireuses résistent bien au froid; en automne, les individus encore verts de la gesse palustre tranchent nettement sur les autres plantes du rivage déjà roussies par la gelée.

Sous le pont

Grande herbe à poux

Ambrosia trifida

out comme la petite herbe à poux, la grande herbe à poux provoque chez certaines personnes une allergie connue sous le nom de «fièvre des foins». Comme elle exige à la fois lumière

et humidité pour se développer, elle trouve son habitat naturel sur les rivages et sur les bords des fossés. Mais elle peut aussi envahir les champs cultivés et les terrains vagues, surtout s'ils sont humides et riches en azote. Quand ces conditions sont réunies, la grande herbe à poux ou ambroisie trifide peut atteindre jusqu'à 2 m de hauteur. Des graines, beaucoup plus grosses que celles des plantes actuelles, ont été trouvées dans des sites datant de l'ère précolombienne, ce qui permet de croire qu'on la cultivait à cette époque. Cette pratique a été maintenue longtemps par certaines tribus amérindiennes. Les graines constituaient une source de nourriture, et les capitules, une fois écrasées, servaient de colorant rouge.

Impatiente du Cap

Impatiens capensis

$\mathcal{L}$'impatiente du Cap affectionne les habitats humides, tant ombragés qu'ouverts. Elle est particulièrement abondante dans les plaines de débordement des cours d'eau. Avec sa tige et ses rameaux translucides, son feuillage léger et sa profusion de fleurs orangées tachetées de rouge, la plante confère une note joyeuse à ces milieux. Les papillons semblent prendre plaisir à voltiger au-dessus des colonies, et il n'est pas rare d'apercevoir un oiseau-mouche faisant du vol sur place devant une fleur dont il soutire le nectar. Quand les fruits ont atteint leur maturité, on peut s'amuser à les faire éclater.

Sous le pont

Laportéa du Canada

Laportea canadensis

La laportéa du Canada est aussi connue sous le nom d'ortie du Canada. Si les premiers arrivants ont jugé bon de l'appeler ainsi, c'est très probablement parce qu'elle est entièrement couverte de poils urticants et, qu'au toucher, elle leur procurait la même sensation de brûlure que les orties de leur pays d'origine. Le parterre de l'érablière argentée étant plutôt pauvre en lumière (parlez-en au photographe!), la laportéa du Canada étale ses feuilles à l'horizontale, de manière à profiter au maximum de l'énergie lumineuse disponible dans le milieu. Elle y arrive si bien qu'aucune autre plante ne peut pousser en dessous. Vers le milieu de l'été, des fleurs blanc verdâtre portées par des rameaux étalés apparaissent au sommet de la plante. Des graines, produites en abondance, assureront la relève lors du retrait de l'eau au printemps de l'année suivante.

Lis du Canada

Lilium canadense

S'il est difficile de rester insensible devant
la beauté d'une fleur de lis,
comment décrire ce que
l'on ressent quand on a la
chance de se trouver en
présence d'une colonie de
lis du Canada. Les plants,
d'une hauteur moyenne
de 1 m, peuvent porter jusqu'à seize magnifiques
fleurs jaune orangé
ressemblant à des cloches
prêtes à résonner. Ce lis est
à chercher en bordure des
fossés ou des forêts
humides des plaines de
débordement. La floraison
s'étale de juillet à août.

Sous le pont

Lobélie du cardinal

Lobelia cardinalis

*D*ans la *Flore lauren-tienne*, Marie-Victorin affirme que la lobélie du cardinal passe, avec raison, pour l'une de nos plus belles fleurs indigènes. Il est vrai que notre flore ne compte pas d'autres fleurs aux couleurs si vives. Les découvreurs de l'Amérique, frappés par sa beauté, en envoyèrent des plants en France pour illustrer les richesses du Nouveau Monde. Certains auteurs vont jusqu'à insinuer qu'elle doit son nom au fait qu'elle plaisait aux dignitaires de l'Église catholique romaine. Au temps de la reine Élisabeth, elle prenait déjà place dans les jardins anglais. Les fleurs de la lobélie du cardinal sont butinées par les oiseaux-mouches et par les papillons, capables de puiser le nectar sans se poser.

Lycope d'Amérique

Lycopus americanus

*U*ne tige carrée, des feuilles opposées, des fleurs minuscules en glomérules autour de la tige juste au-dessus du point d'insertion des feuilles, voilà autant de traits que le lycope d'Amérique partage avec la menthe du Canada. Mais impossible de confondre ces deux plantes, le lycope d'Amérique étant dépourvu de l'huile essentielle qui caractérise la menthe du Canada. En revanche, comme les autres lycopes, il produit d'importantes quantités de nectar, même en période de sécheresse. Les abeilles en font un excellent miel blanc.

Sous le pont

Lysimaque cilié

Lysimachia ciliata

$\mathcal{C}$e lysimaque cilié ou steironéma cilié, selon les auteurs, est omniprésent dans les lieux humides et ouverts. Ce peut être dans les fossés, dans les prairies humides ou en bordure des forêts des plaines de débordement, telles les érablières argentées. Ses fleurs jaunes, portées par des pédoncules filiformes, ne peuvent échapper à l'attention des promeneurs. Les feuilles, ovées ou lancéolées, sont insérées par paire sur la tige qui peut atteindre 1 m de hauteur. La présence de poils sur le pétiole sert à l'identifier avec certitude. Toujours selon Marie-Victorin, les fleurs des steironémas, maintenant appelés lysimaques, sont visitées presque exclusivement par des abeilles du genre *Macropis*.

Menthe du Canada

Mentha canadensis

Comme les autres espèces de menthe, la menthe du Canada peut facilement être reconnue à l'odeur caractéristique et agréable qu'elle dégage quand on presse ses feuilles ou sa tige. Avec la menthe poivrée et la menthe à épis, elle était et est encore un élément important de la médecine populaire. Mêlée à de l'alcool et à du sucre, l'huile qu'on tire de ces plantes donne une liqueur appelée «crème de menthe» qui possède des propriétés digestives. Les tisanes non alcoolisées ont le même effet et sont de plus en plus populaires.

Sous le pont

Mimule à fleurs entrouvertes

Mimulus ringens

$\mathcal{L}$e nom anglais monkey-flower qui sert à désigner cette plante est des plus appropriés, la fleur épanouie du mimule à fleurs entrouvertes ressemblant à la face d'un singe. Il faut chercher cette plante

dans les marais et les prairies riveraines où elle se cache entre les hautes herbes. On peut la trouver aussi dans les champs humides et les fossés. Elle présente une tige quadrangulaire ailée et des fleurs violettes situées à l'aisselle des feuilles sessiles. En les butinant, les bourdons favorisent leur fécondation croisée.

Morelle douce-amère

Solanum dulcamara

uoique ligneuse, la longue tige (de 1 m à 3 m) de la morelle douce-amère a besoin d'un support pour s'élever au-dessus du sol. Grâce à ses rameaux volubiles, elle peut s'agripper aux arbustes et aux jeunes arbres. Les feuilles sont de forme variable, les supérieures généralement trilobées. La floraison étant très prolongée, il est ordinairement possible d'admirer sur un même plant des fleurs violettes aux étamines jaune ardent et, selon leur degré de maturité, des fruits verts, orange ou rouges. Ces derniers renferment un alcaloïde qui les rend toxiques. Toutefois, leur toxicité s'atténue avec le temps; aussi les gélinottes peuvent-elles se nourrir, en hiver, des fruits présents sur les rameaux.

Myosotis

Myosotis

$\mathcal{O}$n peut trouver au Québec au moins cinq espèces différentes de myosotis reconnaissables à leurs feuilles oblongues et velues et à leurs petites fleurs, généralement bleues, en grappes allongées. Dans le langage symbolique des fleurs, le myosotis symbolise la fidélité et la constance, qualités illustrées dans un grand nombre de noms populaires: «Ne m'oubliez pas» en français, Forget-me-not en anglais, Forgaet-mig-ej en suédois, Forglememm-mig-ikke en norvégien et Verget-mij-niet en hollandais. Toutes ces appellations poétiques ne doivent pas nous faire oublier que le mot «myosotis» signifie oreille de souris et fait référence à la forme et à la pubescence des feuilles.

Pigamon pubescent

Thalictrum pubescens

Le pigamon pubescent est une grande plante (jusqu'à 2 m de hauteur) au feuillage léger parce que subdivisé en de très nombreuses petites folioles. Ses fleurs, blanches et petites, sont réunies en une panicule lâche. On dit de cette espèce qu'elle est polygame parce qu'elle produit, sur un même plant, des fleurs femelles, des fleurs mâles et des fleurs à la fois mâles et femelles. Cette particularité expliquerait le fait que certaines tribus amérindiennes utilisaient une espèce voisine, *Thalictrum dasycarpum*,

comme un remède d'amour. Quand un homme et sa femme se disputaient, on ajoutait, à leur insu, des graines à leur nourriture afin de les aider à surmonter leur différend.

En plus de se reproduire par des graines ailées qui peuvent être transportées par le vent, le pigamon pubescent se multiplie de façon végétative par l'émission de rameaux souterrains qui donnent des tiges aériennes l'année suivante.

Scutellaire à fleurs latérales

Scutellaria lateriflora

*C*ontrairement aux autres scutellaires dont les fleurs sont solitaires à l'aisselle des feuilles, la scutellaire à fleurs latérales porte de nombreuses grappes de fleurs. Ces dernières sont généralement bleues ou délicatement violacées, parfois blanches ou roses. Riches en nectar, elles sont avidement recherchées par les abeilles. La scutellaire à fleurs latérales est habituellement présente dans les prairies humides, les fossés qui communiquent avec les grands cours d'eau et en bordure des forêts riveraines.

Sous le pont

Scutellaire toque

Scutellaria epilobiifolia

*L*a scutellaire toque est particulièrement abondante dans les forêts de conifères du nord du Québec. Dans les régions plus au sud, sa présence se limite aux marais et au bord de rivières ou de lacs. Les fleurs sont insérées deux à deux à l'aisselle des feuilles, également disposées par paire le long de la tige carrée. La corolle forme un tube dont l'extrémité élargie se divise en deux lèvres. La lèvre inférieure est décorée d'une tache blanche picotée de bleu.

Symplocarpe fétide

Symplocarpus fœtidus

*L*es grandes feuilles du symplocarpe fétide évoquent la luxuriance des forêts tropicales.

Le rapprochement est d'autant plus facile à faire que la plante a une prédilection pour les dépressions où pullulent les moustiques. Le cycle vital de cette plante mérite d'être décrit. Très tôt au printemps, les fleurs, groupées sur un axe renflé enveloppé d'une spathe rougeâtre, font leur apparition. L'odeur de chair en décomposition qu'elles dégagent attire les insectes à la recherche d'un endroit pour déposer leurs œufs. Les feuilles se développent ensuite pour disparaître avant la fin de l'été, mettant alors en évidence un gros fruit noir. Les graines qui s'en échappent germent aussitôt, à moins qu'elles ne soient mangées par les écureuils ou les tamias qui assureront leur dissémination.

Verveine hastée

Verbena hastata

*L*a verveine hastée peut atteindre 2 m de hauteur. Sa tige raide se termine par un faisceau d'épis étroits comportant, de bas en haut, des fruits, des fleurs épanouies et des bourgeons floraux. Les épis s'allongent durant toute la période de floraison qui s'étend, dans nos régions, de juillet à octobre. Les fleurs sont généralement bleues, parfois roses ou blanches. Autrefois, la verveine hastée était très utilisée en médecine populaire, ce qui lui a valu une foule de surnoms: herbe aux sorcières, herbe du sang, herbe sacrée, herbe de tous les maux et, celui qui les résume tous, guérit-tout. Lorsqu'on découvre en plus que son nom signifie veine de Vénus et fait allusion aux propriétés aphrodisiaques qu'on attribuait à la verveine, on ne s'étonne plus que de nombreux poèmes et plusieurs vieilles chansons en aient exalté les vertus.

$\mathcal{F}$leurs des marais

$\mathcal{L}$es marais sont des zones de végétation herbacée où le sol est perpétuellement gorgé d'eau et même submergé. Durant les périodes de fonte des neiges et de pluies prolongées, ils absorbent le trop-plein d'eau limitant ainsi les risques d'inondations. Considérés autrefois comme des milieux rébarbatifs et malsains, ils sont maintenant reconnus comme étant des zones d'épuration. Qui plus est, ils sont devenus des attraits touristiques dans certaines régions. Des passerelles surélevées permettent aux visiteurs de voir frayer les poissons au début du printemps, de s'approcher des canards et d'admirer les plantes.

$\mathscr{L}$a végétation des marais est principalement composée de plantes à feuilles allongées et rigides naissant d'un rhizome enfoui dans la vase. Elles forment des massifs verts très denses au-dessus desquels se balancent les gracieuses ombelles roses du butome. Entremêlés à cette végétation dominante, on peut trouver des renouées, des bidents, la stellaire et la très envahissante salicaire. Çà et là, les nymphées et les nénuphars exposent au soleil leurs feuilles flottantes.

Les marais sont aussi un milieu exceptionnel pour les oiseaux, en particulier pour les canards qui y trouvent à la fois nourriture et abri pour élever leur nichée. La joie d'en apercevoir un vaut bien la peine d'accepter la marche pénible dans la vase et les piqûres exaspérantes des moustiques. Encore faut-il qu'il y ait un marais accessible. Si tel n'est pas le cas, les pages suivantes vous permettront d'admirer les belles des marais.

Fleurs des marais

Alisme commun

Alisma triviale

L'alisme commun est aussi connu sous le nom d'alisme plantain-d'eau à cause de la ressemblance de ses feuilles avec celles du plantain. Comme ces dernières, elles forment une rosette à la base de la plante et leur limbe, de forme ovale, est caractérisé par des nervures qui courent parallèlement à son contour.

L'inflorescence, par contre, est complètement diffé-rente. De taille imposante, tant en hauteur qu'en lar-geur, elle comprend un grand nombre de rameaux plus ou moins longs et ramifiés selon leur position sur l'axe central. Les fleurs s'épanouissent à tour de rôle dans chacun des petits groupes de rameaux terminaux. On peut observer l'alisme commun dans les marais ou dans les fossés, où il peut être très abon-dant. Dans certaines tribus amérindiennes, on utilisait ses racines et ses feuilles pour traiter l'épilepsie et les affections des voies urinaires.

Bident penché

Bidens cernua

$\mathcal{L}$e bident penché doit son nom au fait que ses capitules s'inclinent après leur épanouissement. Aussi, quand il est abondant dans un milieu, il confère un air un peu défraîchi à la végétation. La plante a une apparence variable: dans les

endroits très mouillés, sa tige se ramifie beaucoup et produit plusieurs capitules aux rayons jaunes; dans les endroits plus secs, la tige reste simple et fleurit peu. Les fruits portent, à leur sommet, deux crochets bar-belés qui, normalement, devraient leur permettre de se fixer à la toison des animaux favorisant ainsi la dispersion de la plante dans le milieu. Mais il semblerait qu'ils servent, au contraire, à maintenir les fruits dans l'entourage de la plante mère où ils trouveront des conditions favorables à leur développement.

Butome à ombelles

Butomus umbellatus

Selon Marie-Victorin, le butome à ombelles aurait été observé pour la première fois vers 1897, à La Prairie, près de Montréal. Depuis, il a envahi les rivages du fleuve Saint-Laurent et de ses affluents, ainsi que les fossés et les marais d'eau douce. Ce faisant, il est entré en compétition avec des espèces plus utiles pour la faune. Le butome n'en est pas moins une très belle plante avec ses fleurs roses disposées en ombelle au sommet d'une hampe dressée pouvant atteindre 1 m de hauteur. Ses longues feuilles triangulaires sont bien adaptées à l'action des vagues.

Cicutaire maculée

Cicuta maculata

$\mathcal{S}$ avoir reconnaître la cicutaire maculée peut être vital, car elle est extrêmement toxique. Au début de son développement, elle ressemble à la carotte potagère. Il y a donc un risque que des enfants soient tentés de goûter son rhizome. Or, une très petite quantité de cicutaire maculée est suffisante pour causer un accident mortel. Voici quelques renseignements qui vous permettront de la reconnaître: des lignes pourpres parcourent sa tige de bas en haut; ses feuilles sont divisées en trois sections principales elles-mêmes subdivisées en cinq folioles et ses fleurs blanches sont disposées en ombelles composées de plusieurs ombellules.

Grand nénuphar jaune

Nuphar variegata

$\mathcal{L}$e grand nénuphar jaune ornemente les lacs laurentiens et les étangs des tourbières. Ses feuilles flottantes, épaisses et aux bords ondulés résistent bien à l'action des vagues. Un pétiole plus ou moins long les relie à des gros rhizomes qui croissent sur le fond. Ceux-ci peuvent mesurer jusqu'à 3 m de longueur et 15 cm de diamètre. Bourrés de réserves nutritives, ils sont une source de nourriture importante pour les rats musqués, les castors et les orignaux. En interceptant les rayons du soleil, les feuilles flottantes créent un milieu recherché par la faune aquatique pour sa fraîcheur et sa semi-obscurité. Le parfum citronné que dégagent les fleurs attire par ailleurs une foule d'insectes, les libellules en particulier.

Iris versicolore

Iris versicolor

L'iris versicolore pousse à l'état naturel dans presque toutes les régions du Québec et, à ce titre, il conviendrait certainement mieux que le lis blanc comme emblème floral de cette province. De plus, sa fleur stylisée correspond parfaitement à la fleur-de-lis héraldique. Ce fait n'a rien d'étonnant, Louis VII

ayant adopté, en 1147, l'iris jaune (*Iris pseudacorus*), une espèce voisine, comme emblème national de la France. Les scientifiques, quant à eux, croient que les superbes fleurs des iris existent surtout pour le seul bénéfice des abeilles. Le pétale antérieur constitue une piste d'atterrissage commode sur laquelle elles s'alignent. Guidées par les nervures foncées et les lignes dorées, elles atteignent l'abondante réserve de nectar qu'elles transformeront en miel.

Nymphée odorante

Nymphæa odorata

*D*es fleurs odorantes d'un blanc éclatant sont caractéristiques de la nymphée odorante, mais, dans certaines stations partiellement asséchées, des fleurs roses ou presque rouges peuvent apparaître. À l'approche de la nuit, les fleurs se referment pour s'ouvrir de nouveau le lendemain matin sous l'effet du soleil. On trouve également dans les lacs et les rivières une autre espèce de nymphée: la nymphée tubéreuse. Ses fleurs sont peu ou point odorantes et ses feuilles beaucoup plus grandes (de 20 cm à 40 cm de diamètre) que celles de la nymphée odorante dont le diamètre est toujours inférieur à 22 cm. Ces deux espèces sont souvent confondues et réunies sous le nom de lis d'eau. Plusieurs tribus amérindiennes utilisaient les rhizomes des nymphées comme nourriture ou comme médicament.

Pontédérie cordée

Pontederia cordata

$\mathcal{L}$a pontédérie cordée forme de grandes colonies dans les baies abritées aux eaux très calmes. Les feuilles épaisses et cireuses réfléchissant la lumière du soleil, ces colonies sont facilement repérables parmi la végétation environnante. Elles le deviennent davantage au moment de la floraison, les longs épis de fleurs bleues s'élevant au-dessus du feuillage. Chaque fleur ne dure qu'une journée mais, comme chaque épi en produit cent à deux cents, la floraison s'étale sur plusieurs semaines. Les fleurs, qui dégagent une odeur désagréable, sont néanmoins visitées par les abeilles et par une foule d'autres insectes. Les colonies de pontédérie cordée sont le refuge d'une faune grouillante dont les jeunes canards se nourrissent.

Renouée à feuilles de patience

Polygonum lapathifolium

Bien qu'elle soit une plante annuelle, la renouée à feuilles de patience peut atteindre une taille imposante (plus de 2 m de hauteur) surtout lorsqu'elle pousse dans un milieu enrichi de débris de végétation déposés par les vagues. Dès que les graines apportées par l'eau ont germé, la plante croît rapidement et commence à fleurir. Les fleurs roses ou blanches sont groupées en épis longs et étroits qui s'inclinent sous le poids des graines. Le calice tombe avec la graine, ce qui permet à celle-ci de flotter plus facilement.

Renouée amphibie

Polygonum coccineum

*L*a renouée écarlate et la renouée amphibie sont maintenant considérées par les botanistes comme une seule et même espèce pour laquelle ils ont retenu le nom de renouée amphibie. Ses représentants peuvent pousser sur terre ou dans l'eau. Alors que l'espèce terrestre se dresse, l'aquatique se caractérise par une tige et des feuilles flottantes. Même si elles sont issues d'un même plant, les tiges et les feuilles seront très différentes selon qu'elles surgissent de l'eau, du rivage ou d'un talus bien égoutté. Les canards sont spécialement friands des graines de la renouée amphibie; elles peuvent, dans certains cas, représenter jusqu'à 80 p. 100 de leur diète.

Fleurs des marais

Renouée de Pennsylvanie

Polygonum pensylvanicum

*L*a renouée de Pennsylvanie, une plante très commune qu'on peut observer même en ville, pousse également dans les lieux humides. La tige, très ramifiée, mesure jusqu'à 1 m. Comme chez la renouée persicaire, les feuilles portent habituellement une tache rouge au centre, mais la présence de poils glandulaires sur les rameaux et les pédoncules des épis floraux permet de l'en distinguer. Les fleurs, dont la couleur varie du rose au blanc, sont groupées en épis denses. Comme les autres renouées, la renouée de Pennsylvanie est une source de nourriture importante pour la sauvagine. Le rat musqué et le cerf de Virginie la consomment également.

Renouée sagittée

Polygonum sagittatum

$\mathcal{L}$a renouée sagittée pousse dans des lieux humides, ouverts ou ombragés. Ses tiges fines, trop faibles pour être dressées, s'entremêlent aux autres plantes. La renouée sagittée ne passe cependant pas inaperçue là où elle est présente. Premièrement, ses fleurs blanches ou roses groupées en petites masses sont bien visibles. Deuxièmement, des aiguillons recourbés disposés sur quatre rangs tout le long de la tige et des rameaux se chargent de rappeler son existence aux excursionnistes aux jambes et aux bras nus. Pas surprenant que nos ancêtres lui aient attribué les noms peu flatteurs de rasoir de sauterelle, d'herbe à scie et grattecul!

Sagittaire à feuilles larges

Sagittaria latifolia

$\mathcal{L}$a sagittaire à feuilles larges possède des feuilles de largeur variable, mais toujours en forme de flèche d'où son nom, le mot «sagittaire» venant du mot latin *sagitta* qui signifie «flèche». La plante produit à la fois des fleurs femelles, qui donnent les graines, et des fleurs mâles, qui fournissent le pollen. Elles comportent trois pétales d'un blanc éblouissant et sont disposées par trois sur les différents axes de l'inflorescence. La sagittaire à feuilles larges accumule des réserves nutritives dans des tubercules souterrains. Les castors et les rats musqués s'en font des provisions dans des caches. Les Amérindiens recherchaient ces cachettes, les tubercules riches en amidon étant un élément important de leur alimentation.

Salicaire

Lythrum salicaria

𝒫 lante originaire
d'Europe, la salicaire
a fait son apparition en
Amérique du Nord il y a

environ un siècle. En fait,
elle a été signalée pour la
première fois en 1865. Elle a
envahi les terres humides,
faisant disparaître du même
coup la végétation indi-
gène. Elle cause aujourd'hui
beaucoup d'ennuis aux agriculteurs. Des mesures de
contrôle biologique approu-
vées récemment devraient
permettre d'améliorer la
situation. Mis à part ces
inconvénients réels, on ne
peut nier l'effet spectaculaire
des immenses colonies de
salicaires aux longs épis de
fleurs magenta.

Stellaire graminoïde

Stellaria graminea

*A*vec sa tige et ses rameaux grêles, la stellaire graminoïde passerait facilement inaperçue si ce n'était de ses petites fleurs blanches portées par des axes plus ou moins allongés et diffus. Celles-ci sont mâles et femelles, mais successivement dans le temps. Voici comment s'explique ce qui pourrait sembler être une anomalie. Quand les étamines d'une fleur viennent à maturité et libèrent leur pollen, le pistil de cette fleur n'est pas encore réceptif, les stigmates qui le surmontent étant encore enroulés sur eux-mêmes. Quand ils se déploieront, les étamines seront flétries. Pour cette raison, la fécondation est assurée par des insectes qui transportent sur le pistil réceptif des grains de pollen cueillis au passage sur une autre fleur dont le développement est moins avancé.

*F*leurs de macadam

*P*our la majorité des citadins, les plantes indigènes sont synonymes de mauvaises herbes qui envahissent leur pelouse, leurs plates-bandes et leur jardin. Les explosions de pissenlits au printemps contribuent à entretenir ce préjugé. Pourtant, pour qui se donne la peine d'explorer les coins et les recoins de la ville, de belles découvertes sont possibles.

$\mathscr{L}$a nature a horreur du vide, ce principe est bien connu. Il ne faut donc pas s'étonner que les plantes s'empressent d'élire domicile dans les espaces libres. En revanche, on peut se demander comment elles réussissent à s'implanter un peu partout, sans qu'on ne les ait semées. Dans certains cas, le vent se charge de disperser les graines. Mais, bien souvent, elles étaient déjà présentes dans le sol depuis des années; ramenées à la surface par une perturbation quelconque, les graines se mettent à germer.

$\mathscr{P}$our trouver de nouvelles espèces, il faut partir à la recherche de différents milieux: terrains de jeux, parcs, étangs, jardins communautaires, terrains vagues. Généralement, il n'est pas nécessaire d'aller très loin pour observer de nombreuses variétés. Il suffit parfois d'être plus attentif lors de nos allers et venues pour découvrir ce que la nature met généreusement à notre portée.

Fleurs de macadam

Érigéron du Canada

Erigeron canadensis

*L*es érigérons portent également le nom de vergerettes. La tradition veut que ce soit parce que certaines de ces plantes servaient autrefois de verges (fouets) pour corriger les enfants. L'érigéron du Canada se distingue des autres espèces d'érigéron par sa tige longue et raide, ramifiée seulement dans sa partie supérieure, et ses très nombreux petits capitules aux rayons blancs peu apparents. Quand on la froisse, la plante dégage une odeur qui, selon une tradition ancienne, aurait la propriété d'éloigner les sorcières.

Galéopside à tige carrée

Galeopsis tetrahit

*L*e galéopside à tige carrée est une plante rude à cause des poils raides et piquants dont il est garni. Ses feuilles sont pubescentes sur les deux faces, et les fleurs blanches, quelquefois teintées de pourpre, naissent par petits groupes à l'aisselle des feuilles supérieures. La plante se comporte comme une mauvaise herbe dans les champs de céréales, les jardins et les pâturages. On peut la trouver aussi dans les terrains incultes, là où le sol a été remué. Ses graines renferment des substances toxiques, et le fourrage qui en contiendrait aussi peu que 5 p. 100 pourrait empoisonner les animaux domestiques, surtout les chevaux qui deviennent angoissés et mélancoliques. Par ailleurs, avec la tige et les feuilles, on prépare une drogue puissante recommandée pour soigner les maladies respiratoires.

Laiteron des champs

Sonchus arvensis

et deux lobes situés à la base du limbe embrassent la tige. Le laiteron des champs fleurit de juin à septembre, et ses capitules jaunes ressemblent à ceux des pissenlits. Les graines portent à leur sommet une touffe de poils soyeux qui s'étalent en séchant, facilitant ainsi leur transport par le vent. La plante se multiplie également par le biais de rhizomes rampants sur lesquels poussent continuellement de nouvelles tiges dressées. Comme les pissenlits, la plante est remplie d'un suc laiteux amer.

*I*ntroduit en Amérique, probablement dès les premiers temps de la colonisation, le laiteron des champs est devenu une des mauvaises herbes les plus agressives, surtout dans les champs de céréales. Dans de bonnes conditions, la tige peut atteindre 1,5 m de hauteur. Les feuilles sont irrégulièrement découpées,

Leontodon autumnalis

Le léontodon d'automne est un peu l'équivalent écologique du pissenlit officinal et, comme au premier abord il lui ressemble, il y a fort à parier qu'on se méprend souvent à son sujet. Voici quelques traits permettant de distinguer les deux plantes.

Tout d'abord, alors que le pissenlit officinal fleurit principalement au printemps, le léontodon d'automne, comme son nom l'indique, fleurit à la fin de l'été et au début de l'automne. Ensuite, les capitules, toujours solitaires au sommet de la hampe chez le pissenlit officinal,

peuvent être au nombre de deux à douze, et même davantage, chez le léontodon d'automne, la hampe étant plusieurs fois subdivisée. Cette espèce semble avoir gagné beaucoup de terrain depuis l'époque où Marie-Victorin rédigeait la *Flore laurentienne*.

Lierre terrestre

Glecoma hederacea

*C*e qui fait le bonheur des uns fait parfois le malheur des autres. Ainsi en est-il du lierre terrestre. Vanté par tous les auteurs anciens pour ses propriétés médicinales, il est banni par les inconditionnels des beaux gazons, qu'il a tendance à envahir. Certains recommandent une solution de borax pour s'en débarrasser, mais le moyen le plus approprié serait peut-être de tomber amoureux avec cette plante aux charmes multiples. Commençons par ses fleurs bleues ou violettes qui apparaissent très tôt au printemps. Elles sont comme autant de petites trompettes annonçant la venue des beaux jours. Tant la tige que les petites feuilles de forme arrondie dégagent une odeur légèrement aromatique. D'ailleurs le mot latin *Glecoma* signifie doux, odorant. L'huile essentielle qu'on peut en tirer exercerait un effet bénéfique sur les voies respiratoires. Galien, médecin grec du IIe siècle, la recommandait pour combattre l'inflammation des yeux et, encore aujourd'hui, certains prétendent qu'on peut utiliser le jus extrait de la tige pour soulager les yeux au beurre noir. Si on ajoute à ce palmarès le fait qu'elle fournit aux abeilles du nectar et du pollen à la fin de l'hiver, comment peut-on encore souhaiter la faire disparaître?

Linaire vulgaire

Linaria vulgaris

*L*a linaire vulgaire doit son nom à la ressemblance de ses feuilles avec celles du lin. Peu exigeante, elle pousse parfois entre un mur et un trottoir. De juillet à octobre, elle égaie les lieux de ses fleurs orange et jaune canari. La corolle est munie d'un éperon creux dans lequel s'accumule un nectar sucré qui attire certains insectes. En pénétrant dans la corolle, ceux-ci frôlent immanquablement les anthères et récoltent du pollen qu'ils pourront déposer sur le stigmate d'une autre fleur, favorisant ainsi la fécondation croisée. Autrefois, la linaire vulgaire était utilisée, avec toute une série de plantes à fleurs jaunes, dans le traitement de la jaunisse. Dans les pâturages, le bétail évite de la brouter probablement à cause de la saveur désagréable de son feuillage.

Fleurs de macadam

Luzerne lupuline

Medicago lupulina

upuline, mignon-nette, minette, trèfle jaune, voilà autant de noms français pour cette plante caractéristique des terre-pleins. Sa racine pivotante peut s'enfoncer jusqu'à 30 cm de profondeur. De cette racine, juste au niveau du sol, partent des tiges qui s'étalent dans toutes les directions. Les principales donnent naissance à de courts rameaux dressés, aux feuilles très semblables à celles des trèfles. Les fleurs jaunes sont groupées en capi-tules (comme chez les trèfles), mais les fruits, des gousses minuscules enroulées en spirale et noires à maturité, permettent d'identifier sans peine la luzerne lupuline. Les fleurs sont très fréquentées par les abeilles.

Matricaire maritime

Matricaria maritima

*A*vec ses capitules à rayons blancs très semblables à ceux de la marguerite blanche, la matricaire maritime, vue de loin, peut être confondue avec cette espèce. Lorsqu'on examine la plante de plus près, la présence de feuilles très divisées empêche cette méprise. Les problèmes d'identification ne sont pas réglés pour autant, la camomille des chiens possédant elle aussi des capitules à rayons blancs et des feuilles très divisées. Cette fois, c'est l'odorat qui pourra vous être d'une certaine utilité, la camomille des chiens exhalant une odeur très désagréable alors que la matricaire maritime est inodore. C'est probablement la raison pour laquelle cette plante est aussi connue sous les noms de matricaire inodore ou de camomille inodore.

Matricaire odorante

Matricaria matricarioides

*B*ien qu'omniprésente dans les endroits piétinés, donc très fréquentés, la matricaire odorante passe souvent inaperçue en raison de sa petite taille — surtout lors-qu'elle est tondue régulière-ment —, et de ses capitules dépourvus de rayons

colorés. Elle gagne à être observée de plus près, d'abord pour la grâce de ses feuilles finement divisées et pour l'odeur qu'elle dégage quand on la froisse. Certains associent cette odeur à celle de l'ananas.

Fleurs de macadam

Mauve négligée

Malva neglecta

*I*l faut chercher la mauve négligée au pied des murs et au voisinage des jardins. Les feuilles, grossièrement divisées en cinq lobes, sont toujours orientées de manière à capter au mieux la lumière du soleil, et cela à toute heure du jour. Les fleurs prennent naissance à l'aisselle des feuilles. Chacune d'elles fournit à maturité une quinzaine de graines disposées en cercle. Ces dernières pouvant conserver leur pouvoir de germer très longtemps (vingt ans et plus), il ne faut pas s'étonner qu'elles envahissent les mêmes plates-bandes de fleurs, année après année. Marie-Victorin rapporte que les anciens faisaient un grand usage de la mauve comme plante alimentaire et que Pythagore la considérait comme une nourriture propre à favoriser l'exercice de la pensée et la pratique de la vertu.

Oxalide dressée

Oxalis stricta

*D*es feuilles trifoliées confèrent à l'oxalide dressée une certaine ressemblance avec les trèfles, mais la méprise n'est plus possible dès que la plante est en fleur. Celles-ci sont jaunes, et leur ensemble forme comme une ombelle au-dessus de chaque plant. Les capsules qui succèdent aux fleurs sont turgescentes. Au moindre attouchement, elles éclatent et expulsent leurs graines. Celles-ci doivent germer immédiatement parce qu'elles ne supportent aucune dessiccation. Les feuilles de l'oxalide ne s'étalent que pendant le jour et lorsque la plante est à l'ombre. Dans toutes les autres circonstances, les folioles sont pliées en deux dans le sens de la longueur. L'oxalide dressée est riche en oxalates qui lui confèrent un goût piquant, d'où son nom populaire: surette.

Petite herbe à poux

Ambrosia artemisiifolia

*L*a petite herbe à poux est en fait une ambroisie, plus précisément l'ambroisie à feuilles d'armoise. Or, selon certains auteurs, le mot «ambroisie» signifierait «nourriture solide des dieux». Quel beau nom pour désigner une plante qu'on essaie d'éliminer par tous les moyens parce que son pollen, quand il est trop abondant dans l'air ambiant, provoque la fièvre des foins chez les personnes qui lui sont allergiques. L'herbe à poux étant une plante annuelle, elle est normalement vite remplacée par des plantes vivaces, telles les verges d'or, les asters et différentes graminées. Sa prolifération est donc anormale et s'explique en grande partie par notre mode de vie et, tout particulièrement, par la circulation motorisée même en hiver. En effet, l'utilisation de sel pour déglacer les routes, les opérations de déneigement et l'accumulation de la neige dans certains sites favorisent la prolifération de l'herbe à poux aux dépens des vivaces. Des recherches récentes ont démontré que l'ensemencement préventif d'espèces compétitrices, les trèfles entre autres, pourrait être la meilleure solution. Elle serait en tout cas moins polluante que les herbicides! En attendant, nous pouvons nous consoler en pensant que les graines de la petite herbe à poux, riches en huile, sont une source de nourriture importante pour plusieurs espèces d'oiseaux chanteurs.

Fleurs de macadam

Pissenlit officinal

Taraxacum officinale

un excellent diurétique, d'où l'origine de son nom: pisse en lit ou pisse au lit selon les auteurs. Les graines munies d'un parachute plumeux sont transportées par le vent et sont une source de nourriture importante pour les oiseaux.

*P*endant que certains font des pieds et des mains pour extirper de leur pelouse l'inévitable pissenlit officinal, sa culture pourrait faire son apparition au Québec, si les expériences menées sur l'exploitation des plantes médicinales s'avèrent concluantes. Ce faisant, nous assisterions à un juste retour des choses, les propriétés de cette espèce étant établies depuis la plus haute antiquité. On la recommandait en particulier pour les maladies causées par un désordre du foie. C'est aussi

Plantain majeur

Plantago major

𝒬ui ne connaît pas le plantain majeur, cette plante appelée «le pied du blanc» par les Amérindiens parce qu'ils avaient remarqué qu'elle poussait partout où les Blancs s'établissaient. Le mot *Plantago* signifie probablement «plante qui agit» et fait allusion aux propriétés médicinales que les Romains attribuaient aux représentants de ce groupe. Certains acides présents dans la feuille auraient effectivement des propriétés anti-inflammatoires et antiseptiques. L'application de feuilles fraîches, lavées au préalable à l'eau bouillante, est recommandée pour calmer les démangeaisons provoquées par les piqûres d'insectes et par l'herbe à puce. Riches en vitamines A et C, les jeunes feuilles peuvent être apprêtées comme des épinards, mais encore faut-il pouvoir en trouver dans des endroits non pollués!

Potentille ansérine

Potentilla anserina

*T*rès répandue en Suisse, en Belgique et en France où on lui a donné le très beau nom de «richette», la potentille ansérine s'est bien adaptée en Amérique du Nord. Elle est particulièrement abondante en bordure des routes parce qu'elle peut tolérer le sel et qu'elle s'accommode d'un sol à particules grossières. Comme les fraisiers, la plante émet de longs stolons sur lesquels apparaissent de nouveaux plants. Les fleurs d'un jaune pâle s'épanouissent de mai à août. La potentille ansérine est très présente dans le folklore européen. On utilisait les feuilles broyées pour calmer les échauffements et les hémorroïdes.

On en mettait dans les chaussures pour absorber la sueur des pieds et on l'utilisait en infusion pour traiter les meurtrissures des pieds des chevaux.

Renouée persicaire

Polygonum persicaria

*L*a renouée persicaire pousse dans les champs, au bord des routes et dans les terrains incultes

des lieux densément habités. Comme d'autres espèces de renouée, ses feuilles portent habituellement une tache foncée. Ce caractère permet de l'identifier, surtout quand il est allié à la présence de poils au sommet des gaines qui entourent la tige, au point d'insertion des feuilles. La présence d'épis dressés composés de fleurs rose foncé entremêlées de quelques fleurs blanches est une garantie de plus. La plante renferme un jus acide extrêmement irritant, aussi les animaux évitent-ils de la brouter. En revanche, il est excellent pour guérir les coupures infectées. Autrefois, on avait recours à la renouée persicaire pour teindre en jaune le coton, le lin et la laine.

Fleurs de macadam

Salsifis des prés

Tragopogon pratensis

*I*ntroduit en Amérique du Nord par les premiers colons qui en consommaient les racines, le salsifis des prés pousse maintenant de façon spontanée dans les lieux incultes. La tige, qui peut mesurer jusqu'à 1 m de hauteur, est garnie de nombreuses feuilles étroites et dressées. Les capitules à rayons jaunes ont la particularité de suivre le soleil dans sa course. Le matin, ils sont tous inclinés vers l'est et, le soir, vers le soleil couchant, à moins que la journée n'ait été très chaude, la chaleur trop intense les immobilisant. Autre fait à signaler: les capitules se ferment à midi, selon l'heure normale bien sûr. Les graines portent à leur sommet des aigrettes, étalées en parasol, qui facilitent leur dispersion par le vent.

Silène enflée

Silene cucubalus

*Q*ui n'a pas succombé un jour à la tentation de faire éclater avec un bruit sec le calice gonflé de la silène enflée? Pas surprenant que, selon les régions, on la nomme «pétards» ou «péteux». Importée d'Europe il y a très longtemps, la silène enflée se comporte maintenant comme une plante indigène et envahit les milieux naturels. Elle fleurit de juillet à septembre et est butinée par les bourdons qui n'hésitent pas

à perforer les calices gonflés pour atteindre les nectaires, ouvrant ainsi la voie aux abeilles moins vigoureuses. On croit que le biologiste Carl Von Linné aurait attribué le nom de silène aux plantes de ce groupe parce qu'il aurait fait une association d'idées entre le calice ventru de leurs fleurs et Silène, le père de Bacchus, si souvent représenté sous les traits d'un vieillard ivre et ventripotent.

Fleurs de macadam

Stellaire moyenne

Stellaria media

La stellaire moyenne est aussi connue sous les noms de mouron blanc et mouron des oiseaux. Originaire d'Europe, elle est devenue une mauvaise herbe des sols riches et humides. Ses tiges nombreuses, étalées ou redressées, sont caractérisées par la présence d'une ligne de poils très apparente sur toute leur longueur. La stellaire moyenne fleurit du début du printemps à la fin de l'été ou, comme Marie-Victorin le disait si bien, «des neiges aux neiges». Les petites fleurs blanches mesurent à peine 5 mm de diamètre. Quand il fait beau, elles sont ouvertes de 9 h à midi (heure normale); si la pluie doit venir, elles restent fermées. Les graines protégées par une enveloppe résistante ont une très grande vitalité. Aussi, l'éradication de la stellaire moyenne exige des sarclages incessants.

Valériane officinale

Valeriana officinalis

*P*lante de grande taille (1 m à 1,5 m de hauteur), la valériane officinale passe difficilement inaperçue. Ses feuilles ressemblent un peu à des palmes, et les fleurs roses très pâles ou presque blanches sont disposées en corymbe au sommet de la plante. L'odeur caractéristique qu'elle dégage est due à une huile sécrétée par les racines. Cette odeur perturbe fortement les chats; au contact de la plante, ils deviennent soit euphoriques, soit agressifs.

La valériane officinale a été introduite au Québec probablement pour ses propriétés médicinales. Elle était utilisée surtout dans le traitement des troubles d'origine nerveuse: spasmes, insomnie, névralgies, nervosité en périodes menstruelles, etc.

Vélar fausse giroflée

Erysimum cheiranthoides

plantes de la famille des crucifères, les fleurs comportent quatre sépales et quatre pétales disposés en croix. On observe généralement sur une même grappe des bourgeons floraux précédés d'un certain nombre de fleurs épanouies, elles-mêmes précédées par des fruits plus ou moins matures selon leur position sur l'axe. Le vélar fausse giroflée est aussi caractérisé par ses feuilles nombreuses beaucoup plus longues que larges et aux bords sans découpures.

*L*a médecine médiévale recommandait le vélar fausse giroflée pour traiter les maux de poitrine et la toux, d'où le nom d'herbe au chantre qui servait aussi à le désigner. Comme les autres

Vipérine

Echium vulgare

La vipérine doit son nom au fait qu'elle avait autrefois la réputation de neutraliser le venin de la vipère. Cette vertu lui ayant été attribuée sur la base d'une vague ressemblance de ses graines avec la tête de cet animal, il serait plutôt présomptueux de compter sur cette plante pour contrer l'action du venin de ce reptile. En revanche, elle renferme du salpêtre (KNO_3) qui peut réduire l'enflure, la fièvre et les maux de tête. La floraison de la vipérine s'étale de juin à septembre. Selon leur degré de développement, les fleurs sont roses, rose bleuté ou bleues avec une pointe de rouge.

Fleurs de macadam

Mais malheur à qui veut en faire une gerbe, car toute la plante est couverte de poils piquants qui la protègent contre le broutage. Par contre, les abeilles recherchent son nectar qu'elles transforment en un miel bleu, réputé médicinal.

Tableau de correspondance entre les anciens et les nouveaux noms latins

Ancienne nomenclature	Nouvelle nomenclature
Achillea millefolium L.	*Achillea lanulosa* Nutt.
Alisma triviale Pursh.	*Alisma plantago-aquatica* L.
Andromeda glaucophylla Link	*Andromeda polifolia* L.
Aster acuminatus Michx.	*Oclemena acuminata* (Michx.) E. Greene
Aster lateriflorus (L.) Britton	*Symphyotrichum lateriflorium* (L.) Löve & Löve
Aster nemoralis Ait.	*Oclemena nemoralis* (Aiton) E. Greene
Aster puniceus L.	*Symphyotrichum puniceum* (L.) Löve & Löve
Aster simplex Willd.	*Aster lanceolatus lanceolatus* Willd.
Aster umbellatus Mill.	*Doellingeria umbellata* (Miller) Nees
Brassica kaber (DC.) Wheeler	*Sinapis arvensis* L.
Calopogon pulchellus (Salisb.) R. Br.	*Calopogon tuberosus* (L.) Britton, Sterns & Poggenburg
Chrysanthemum leucanthemum L.	*Leucanthemum vulgare* Lamarck
Convolvulus sepium L.	*Calystegia sepium sepium* (L.) R. Brown
Coptis groenlandica (Oeder) Fern.	*Coptis trifolia groenlandica* (Oeder) Hultén
Dentaria diphylla Michx.	*Cardamine diphylla* (Michx.) Wood
Hepatica acutiloba DC.	*Anemone acutiloba* (DC.) G. Lawson
Hieracium pratense Tausch	*Hieracium cæspitosum* Dumortier
Ledum groenlandicum Retzius	*Rhododendron groenlandicum* (L.) Kron & Judd
Lilium tigrinum Ker-Gawl.	*Lilium lancifolium* Thunberg
Matricaria matricarioides (Less.) Porter	*Matricaria discoidea* DeCandolle
Melilotus alba Desr.	*Melilotus officinalis* (L.) Lamarck
Polygonum coccineum Mühl.	*Polygonum amphibium* L.
Potentilla anserina L.	*Argentina anserina* (L.) Rydb.
Rhinanthus crista-galli L.	*Rhinanthus minor minor* L.
Scutellaria epilobiifolia A. Ham.	*Scutellaria galericulata* L.
Silene cucubalus Wibel	*Silene vulgaris* (Moench) Garcke
Smilacina racemosa (L.) Desf.	*Maianthemum racemosum* (L.) Link
Solidago graminifolia (L.) Salisb.	*Euthamia graminifolia* (L.) Nuttall
Spiræa latifolia (Ait.) Borkh.	*Spiræa alba* DuRoi
Streptopus roseus Michx.	*Streptopus lanceolatus* (Aiton) Reveal
Trifolium agrarium L.	*Trifolium aureum* Pollich

Index

Cet index renferme les noms latins, les noms français et les noms populaires des espèces traitées.

Table des matières

Achevé d'imprimer au Canada
sur les presses de l'imprimerie Interglobe Inc.